徽州古村落文化研究丛书

HUI SHANG JING SHEN WEN HUA YAN JIU

徽商精神文化研究

——以西递为例

余治淮 著

合肥工业大学出版社

图书在版编目(CIP)数据

徽商精神文化研究:以西递为例/余治淮著 . 一合肥:合肥工业大学出版社,2017.2

ISBN 978 - 7 - 5650 - 3249 - 3

Ⅰ.①徽…　Ⅱ.①余…　Ⅲ.①徽商—文化研究　Ⅳ.①F729

中国版本图书馆 CIP 数据核字(2017)第 015026 号

徽商精神文化研究

——以西递为例

余治淮　著　　　责任编辑　张　慧　王钱超　郭娟娟

出　版	合肥工业大学出版社	版　次	2017 年 2 月第 1 版
地　址	合肥市屯溪路 193 号	印　次	2017 年 3 月第 1 次印刷
邮　编	230009	开　本	710 毫米×1000 毫米　1/16
电　话	总　编　室:0551 - 62903038	印　张	8
	市场营销部:0551 - 62903198	字　数	138 千字
网　址	www. hfutpress. com. cn	印　刷	安徽联众印刷有限公司
E-mail	hfutpress@ 163. com	发　行	全国新华书店

ISBN 978 - 7 - 5650 - 3249 - 3　　　　定价：29.80 元

如果有影响阅读的印装质量问题,请与出版社市场营销部联系调换。

前　言

　　西递,坐落在安徽省黄山市黟县境内,为西递镇政府所在地,距县城 8 公里,距世界自然与文化遗产地——黄山 38 公里,系国家级文物保护单位。

　　西递村是一处典型的以宗族血缘关系为纽带,历经数十代、近千年繁衍而成的聚族而居的村落。村子东西长 700 米,南北宽 300 米。高处俯瞰,鳞次栉比的古村落似一船形。

　　公元 2001 年 11 月 30 日,联合国教科文组织批准黟县西递、宏村作为中国皖南古村落的代表,进入世界文化遗产名录。第二十四届遗产委员会给予西递、宏村的评价是:"西递、宏村这两座传统村落,保持了惊人的乡村住宅区域风貌,而这种风貌在过去的岁月里,已大量消失或改变。其街道形式,建筑和装饰,以及房屋与广泛的水系相结合,是独特的遗存典范。"

　　公元 2002 年,首都北京修建"中华世纪坛",西递、宏村申报世界文化遗产成功,作为中国 20 世纪一件很有影响的大事,被镌刻在世纪坛的铜道上。

　　公元 2005 年,西递、宏村同时被评为中国十大魅力名镇。

　　西递村现今保存较为完好的明清两代古民居建筑仍有 300 余幢,常住人口 1100 余人,在一个面积有限的地域内,能保存如此之多的古民居,实为一种罕见奇观。

一、西递名称的由来

　　西递,原名西川。因何又叫西递? 有两种说法,一说是:古代此处为交通要道,设有驿站,供传递公文和来往官员歇息,驿站又称"递铺",所以西川又叫"西递铺"。另一种说法是:中国古代神话传说中人面蛇身的共工与颛顼争夺帝位,共工战败,一怒之下,以头触不周山,不周山是撑住天地的柱子,共工撞倒不周山后,造成天塌地陷。天倾西北,使得天上的星辰都集中在西北方向;地陷东南,使得地上的水都朝东流。而奇怪的是,流经西川的两条小溪却由东往西流,"东水西递",西川也就因此被称为"西递"。

二、胡氏原是帝王裔

西递，是胡氏宗族聚居之地，但据《胡氏宗谱》记载，现在聚居在西递的胡氏宗族，始祖不姓胡而姓李，是中国唐朝皇帝昭宗李晔的小儿子。

《胡氏宗谱》记载：公元 904 年春天，企图篡位的梁王朱温，胁迫唐昭宗李晔，从长安迁都洛阳。迫于朱温兵权在手，李晔不敢不从，仓皇辞庙，驾车东行。

李晔一行经过河南陕州时，皇后何氏生下一男婴。李晔深知此去洛阳凶多吉少，便命何氏将婴儿用帝王衣服包裹起来，设法藏匿民间。

当时，歙州婺源（今之江西省婺源县）有个叫胡三的人，正在陕州做官，出于为皇室分忧解难的考虑，他丢弃官职，秘密将皇子带回家乡婺源考水，将孩子改姓胡，取名昌翼，昌是吉祥平安，翼为翅膀，意思是吉祥平安地飞离虎口。

公元 907 年，朱温篡位，自立为梁朝，昭宗李晔一家全部被杀，唯有逃离虎口的昌翼幸免。这位西递胡氏的始祖成人后，了解了自己的身世，终生不愿为官，专门从事经学研究。

近百年时光匆匆过去，转眼到了公元 1077 年。胡氏 5 世祖胡士良以公务赴南京，途经西递，这位对地理风水很有研究的胡氏祖先，被西递的山形水势所吸引，认定这是一块风水宝地，很快将全家从婺源考水迁居西递，从而写下了胡氏宗族在西递这块土地上 900 余年繁衍生息的历史。

三、升起风帆的商船

从胡氏 5 世祖胡士良公元 1077 年举家迁居西递，到公元 1348 年 13 世祖胡仲宽问世，胡氏宗族在西递这块土地上，已经生活了 37 代，共 271 年。遗憾的是，在这漫长的 271 年中，胡氏几乎是代代单传，人口繁衍几乎没有大的发展。

当时，西递还是块群姓杂居之地，胡氏祖先与大多数土著居民一样，以种地务农为生，经济地位、政治地位都很低。但尽管如此，他们的自我意识却相当贵族化，为自己是帝王后裔而感到自豪。他们耕读并举，重视教育，代代熟读经史，使自己在精神上超脱于一般平民百姓。

胡氏宗族人口剧增，始于公元 1465 年。

当时,胡氏 15 世祖胡廷俊娶了 3 位妻子,生了 9 个儿子。中国封建社会中男尊女卑的道德观念,使妇女的职能局限于繁衍后代,一夫多妻不仅合法,而且是一种荣耀。而多妻又被认为是多生儿子、多发财的先决条件,所以,有地位的人家,大多要娶 2 个或 3 个妻子。在这种封建制度的特许下,胡廷俊的 9 个儿子繁衍的后代,便开始指数的直线上升。

随着人口剧增,新的矛盾出现了,原有的耕地面积已不能满足人们的生存需求。而恰恰在这时,中国传统的重视读书、做官,轻视经商的观念开始动摇。被称为"东南邹鲁"、崇尚儒学的徽州,相当一部分读书人开始"弃儒经商"。地处生计艰难的西递胡氏祖先,审时度势,告别家乡,跻身于强大的"徽商"队伍。由于他们大多是熟读经书、博通古今的知识分子,在经营过程中,深谋远虑,有着较为科学的经营思想和方法,常常能"以一获十"地牟取暴利。

经商成功打破了胡氏祖先几百年"安土怀生",只知在泥土里刨食的封闭保守状态,他们不再满足靠几亩田的收成来维持清贫生活,便将祖祖辈辈世代耕种的土地,租给了并非胡姓的佃户去耕种,自己开始追求一种高层次的生活。

四、胡氏宗族的鼎盛

公元 1662 年至 1850 年,这近 200 年的历史,是西递胡氏宗族的鼎盛时期。这个时期,胡氏祖先在经商中、仕途上均一帆风顺。

西递商人,多以经营钱庄、典铺为主。仅 24 世祖胡贯三一人,就经营有36 家典当和 20 余家钱庄,遍及长江中下游各大商埠,资产折白银 500 余万两,财力位居江南 6 大巨富之列。胡贯三不仅经济实力雄厚,在他与当时宰相曹振镛结成儿女亲家后,政治地位也相当巩固。在封建社会的官场中,财产和裙带关系,是两个至关重要的砝码,在这两点上占优势,自然官运亨通。胡氏 25 世祖胡元熙任杭州知府,26 世祖胡积成任户部员外郎,27 世祖胡文铎为候选中书……

而宗族中那些无法通过科举得到官职的商人,凭借宗族显赫势力,在经营活动中便更加得心应手。在积累了一定财富后,他们花钱买个学位,捐个一官半职,同样可以光宗耀祖。

明清以来,西递胡氏进入仕途,实授官职的有 115 人,廪生、贡生、监生多至 298 人。

这种由儒而商，由商而官，官商结合的途径，使西递胡氏宗族的财富急剧增加。

西递——这个形如航船的村落，经过多少代人不懈的创造，终于扬起了风帆，驶离了港湾。于是，一时间，滚滚的财源，如同那涨潮的海水，不断涌进西递。

五、拔地而起的楼群

西递人发财了，而钱多了该怎么花？曾使当年胡氏宗族大伤脑筋。由于受封建专制政权的阻碍和当时社会生产力水平的限制，他们不可能大规模投资兴办实业。于是，只得把巨额财产中相当一部分，投资家乡，建造精美豪华的住宅，作为光宗耀祖的一种标志，作为外出经商的人们一种精神寄托和他们数十年惨淡经营成功与否的检验标准。

于是，发了财的人们衣锦还乡，相互攀比，相互竞争。一时间，四方能工巧匠，云集西递，年复一年，数百幢楼房拔地而起。这些楼房，有的以造型别致而称奇；有的以用料考究而显高；有的以园林秀美而见巧；有的以装饰高雅而夺目。而这一切足以形象地显示主人雄厚的资财与显赫的身份。

而这一幢幢拔地而起的楼群，成就了徽商的精神港湾。当商场上的残酷拼搏让他们身心交瘁时，回到亲情簇拥的家乡，会让他们养精蓄锐、重整旗鼓。

其实，这种"富贵归故乡"的传统，并非西递人首创，远在楚汉相争时，霸王项羽就曾说过："富贵不归故乡，就像是一个人穿了件华丽的衣服，在黑灯瞎火中走路一样，该是多么遗憾！"向别人炫耀，引起别人羡慕，是人类常有的虚荣心。

鼎盛时期的西递，胡氏宗族发展到"三千烟灶、三千丁"，在封建社会中，只有成年男性才可称为丁，西递胡氏宗族的三千丁当不包括女性。由此推算，当时胡氏宗族有近万人生活在西递这块土地上。与人口高峰同时出现的这种住宅建筑高峰，使西递村版图达到最大值，总面积是现在的 3 倍。

胡氏宗族势力的发展，迫使别姓居民纷纷迁居外地，而非胡姓的佃农，只能散居在村外的坡地上，靠租种胡氏的田地为生，他们居住的地方，也与西递村有了明确的界限。

创造西递鼎盛局面的主观因素，是胡氏祖先经商成功；而当时封建统治稳固，社会安定，却是一个不容忽视的客观因素。因为，1850 年后，随着清朝政府腐败无能、帝国主义的侵略,中国政治经济一片混乱;民国以后,连年内战,更无安定可言。在这种恶劣的政治社会环境中,西递便开始从鼎盛走向衰落。

六、搁浅沙滩的航船

清末民初,动乱的政局使商人的产业失去了保障,腐败的清朝政府又将帝国主义的赔款分摊在商人们头上,使他们苦不堪言,迫使一部分富商迁居海外定居,而一部分经营不景气的商号干脆关门大吉。"徽商"这颗中国近代商界璀璨的星辰也开始逐渐暗淡。

由于战争频仍,社会动荡,外出经商的人们想要回到家乡,困难重重。时间一长,他们只得将家人接到外地共同生活,或是在外地另成新家,每年只将费用寄回老家,供老家的人开销。这样,便使得西递胡氏人口增长率变成负值。西递,这个徽商的精神家园开始全面地倾塌。

随着人口连年下降,大量宅第废置,有的廉价拍卖,有的任其自然倒塌。于是,居住在村外坡地上的非胡姓佃农,开始慢慢迁入,从而打破了胡氏宗族持续数百年的聚族而居状态。但是,宗族观念真正瓦解,还是1949年中华人民共和国成立以后。

1949年以后,生活在西递的胡氏后裔,由于经济上和政治上原本强有力的支柱相继倒塌,从而陷入了全部生活模式大调整的动乱之中。土地改革以后,他们重新被束缚于土地之上,由一个非生产型的消费集团,转化成自食其力的生产型集团。农业生产所特有的生活模式,迫使他们对原来的生存环境做出适应的变动。于是,祠堂变成了集体粮仓;书房变成了贮藏室;花园变成了菜园、猪圈;精美的木雕艺术品上,楔进钉子,挂着斗笠、蓑衣;缠裹着三寸金莲的商妇,迈出深宅大院,艰难地走向田间……

不过这些变化,还只是为适应生活变化而做出的调整,还未对这些古民居产生毁灭性的破坏。真正的毁灭性破坏产生于"大跃进"与"文化大革命"。在这期间,西递村近三分之二的民居、祠堂、牌坊、书院、庙宇以及大量的石雕、砖雕、木雕艺术品,大量的书画文物被毫不吝惜地毁弃。

为什么我们这个有着几千年文明史的泱泱大国,到了20世纪50年代以后,竟愚昧到视文化为异端、视艺术为邪恶的地步?为什么那么多人在这一时期,都以近似疯狂的行为去毁灭自己和自己祖先的劳动成果?这种道德观、价值观、审美观的突然扭曲与断裂是如何形成的,将留待后人去深思和

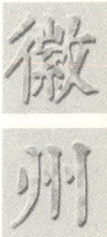

徽州

研究。

　　而保护西递,乃至整个黟县现存的文化遗产,又确乎是个艰难的工作。如果说我们以前在昏睡中破坏它们,只是一种愚昧,而现在,在已经清醒之后,还不知保护它们,珍惜它们,那便是一种犯罪。

　　西递成功地申报世界文化遗产,提升了它作为人类共有文明的价值。这在为我们带来荣誉感的同时,也带来了更大的责任感。

西递古民居

目　录

奇妙的船形村落

——徽商与风水

　　西递的村落布局设计是一船形，早先那曾立在村头的 13 座牌坊，便如同一张张风帆立在船头，再环顾四周的峰峦，夜色下那连绵起伏的山峰，仿佛是一波接一波涌动的曲线，簇拥着这古船驶出宁静的港湾，驶向更为广阔的空间。

古栈道

　　公元 1077 年初春的一天，居住在江西婺源的明经胡氏 5 世祖胡士良，因公务前往金陵投宿西递。那时，西递尚不叫西递，而叫程家村，村边一条古驿道是皖南及赣东北通往长江中下游地区的主要通道。这天清晨，胡士良一觉醒来，推开窗户，见屋外群山奔涌，似起伏之波涛，走出屋外，环顾四周，这位对风水学有着很深造诣的胡氏先人，为眼前的情景所震撼。那时山间的薄雾刚刚散去，胡士良发现这里的山形有"天马涌泉之胜、犀牛望月之奇"，这神奇的山形促使他延缓了赴金陵的行程，静下心来对西递四周的风水进行了一次全面的勘察，结果发现流经村中的两条小溪的水是由东往西流，而前人所著的风水理论中明确指出，"东水西流，其地主富"。面对这块能让子孙后代大富大贵的风水宝地，胡士良按捺不住内心的激动，金陵公务一完，他便匆匆赶回婺源，举家迁居西递，从而开始了明经胡氏这一支脉在这块土地上世世代代的繁衍生息。按照胡士良的规划，西递胡氏日后兴旺、村落扩大时，必须按船的形状来进行村落布局，因为西递村坐落在一条狭长的山谷之中，村落只有设计成船形，两边的起伏的山峦方能视为推其前行的波涛，登上那波浪的峰巅，一个更为广阔的世界便会出现在眼前。

春临西递

准确地说，在胡士良举家定居西递之前，居住在徽州这块土地上的人们早已对风水相当重视，他们的住房选址布局上受着风水理论的强烈制约。徽州境内山清水秀、自然环境优美，选址建房按说没有什么困难；但从风水理论角度来看，具有完满的物质条件及合理功能的环境，也就是说具备充足的空气、阳光、流水、绿化的环境，并不就是一个理想的环境，人类有着自己的希冀、渴求和恐惧，而只有将这些情感，通过在寻求、创造的生活环境中表达出来，才构成一个真正的理想环境。

自然环境千姿百态。风水理论认为，人们选择理想的居住环境必须以风水理论中的"气说"为重要依据。"气"的聚散可以决定村落的兴与败，家族的荣与枯。而"气"是抽象的，它必须通过环境的"形"来体现，所谓"气"者形之微，形者"气"之著。

徽州境内多山，人们多依山造屋，傍水结村，因此风水学中便产生了

当年立在村口的地名碑

大量对山形吉凶的评判，如"山厚人肥、山瘦人饥、山清人秀、山浊人迷"等等。而对村落的总体布局则要求：前有朝山，后有来龙山，有形如狮象、龟蛇的山把守水口；河流、溪水须似玉带环绕。而西递村的风水便将这一切体现得淋漓尽致。

西递村边没有崇山峻岭，晨雾中圆润的小山给人一种朦胧的美丽

　　徽州每一个聚族而居的大村落，宗谱上大多记载着他们先祖选择吉地定居，而后家族繁衍、兴旺的过程。宏村汪氏宗谱记载，他们先祖定居宏村是因为宏村"背有雷岗山雄峙，前有碣溪环带"，而黟县宏村富商汪定贵之所以富甲一方则是因为宏村风水为牛形，汪定贵的父亲恰恰无意之间葬在牛口之中，最为幸运的是，当时汪定贵一贫如洗，葬父无棺木，只是用了张草席一卷，塞在"牛口"之中，"牛吞金草"，故而后代大富大贵。风水先生评说，倘若汪定贵当年衣食不愁，葬父时用的是棺木，则后果不堪设想。

西递后溪入村口

　　再如黟县屏山舒氏选择的定居地是因为村后有山如屏风，村边有水如玉带，且地名称"长宁"，对于遭受动乱、颠沛流离的士族家庭，这块土地实在是求之不得的福地。

　　风水宝地既然如此重要，徽州历史上为争夺风水宝地而引发的纷争也时有发生，相传居住黟县县城的余、程两大姓，就因余氏先祖认定程氏宗族用不正当手段攫取了余氏风水宝地三十六支山脉中的一支，而定下"余程永不通婚"的族规。

　　而对一些迁居徽州，暂时还势单力薄的小宗族来说，要保住一块风水宝地，就得费些心计，相传居住在黟县县城边上柏山村的范氏便是一个很好的例证。范氏从江苏丹阳迁居黟县时发现柏山村两水交汇，环村而过，形如玉带，便举家迁居那里，但在黟县众多聚族而居的宗族中，范氏从迁居的人数来看只是一个小宗族，他们深恐别的大宗族会来抢夺他们的风水宝地，便买通风水先生将这块宝地说成是"四周环水，形同水牢"，只利于范姓居住，因为"范"是"犯"的谐音，犯人住水牢天经地义。此说一出，别的宗族谁也不想迁居那里，柏山便成了范氏世代聚居之地，当时人们也许未曾细想，其实，即便是犯人，谁愿一辈子住在水牢，范氏族人在"水牢"中有滋有味地繁衍生息，这其中岂不有诈？

明清胡氏迁居西递，经历了 37 代、271 年后才由世代一脉单传转向人丁兴旺，这其中最主要的原因便是生存观念的转变，他们由"传家无别法，非耕即读"，转向由儒及贾、求利四方、以贾求生、以贾养儒。经商赢利使他们改变了生存困境，他们开始娶妻纳妾，人口数量开始按几何级数攀升。

西递胡氏为何经历了这漫长的 271 年才显现出蓬勃的生机，这一点是否与风水有关系，后人不得而知，但据《胡氏宗谱》记载，最早迁居西递的几位胡氏先祖大多葬在村边一个名叫"晖瑶"的地方，其地形为"美女照镜形"。从风水理论看，葬此地形，其后代当阴盛阳衰，女人胜过男人，而后来许多故事都证实西递女人确实聪明，若不是封建社会男尊女卑，支撑西递繁华的也许不是男人，而是女人。

西递女人相夫教子，给家庭带来祥和、幸福的故事不胜枚举，而笔者此刻想到的是依然与风水有着关联的一位女人，她的名字叫胡重，是一位由西递嫁到宏村去的小媳妇。

西递村景

相传宏村汪氏祖先认定宏村是块风水宝地，迁居宏村时，仅 13 间屋，美其名为十三楼，前后历经近 300 年，宗族发展依然缓慢，村庄不断遭受火灾。笃信风水的汪氏宗族渐渐感悟到，既然祖先认定这儿是块风水宝地，而宗族却始终不能兴旺发达，是否还没有充分了解和利用好这块风水宝地。

于是，宗族中商议，将村中一天然泉窟扩充成一个大池塘。为此工程，时任族长的山西粮运主簿汪辛捐赠白银 1 万两。在讨论池塘设计时，族人主张将池塘掘成一满月形，显示汪氏宗族团团圆圆，汪辛的妻子胡重闻讯后，力排众议，主张将池塘掘成半月形，其理由是，花开即谢，月圆即亏，汪氏宗族永远要像未开之花，未圆之月。胡重的提议最后得到大家的认可，池塘后来便被扩充成半月形，并起名为"月沼"。

月沼掘成后，汪辛因假满回山西赴任，宗族中大小事情全权委托妻子胡重料理。试想，胡重若非德才过人，汪辛岂能让其担此重任？何况封建社会男尊女卑，长幼有序，作为一个女人，如果在宗族中没有相当的威望，何以服众，何以让宗族中那些年长的男人们言听计从？

依山傍水是聚族而居的徽州特色

好在胡重不负重托，汪辛走后，她考虑，要想汪氏宗族日后发达，对村落必须有个总体设计，不能这样"泥萝卜擦一截，啃一截"，于是，她想到了自己父亲生前好友、休宁万安风水先生何可达。

原来胡重是西递风水先生胡礼朝的爱女，胡礼朝生有两男一女三个子女，只可惜两个儿子天资愚钝，胡礼朝无奈只得把自己满腹才学，特别是毕生积累的勘察风水的经验传授给了女儿，胡重也因此结识了父亲的许多同行。在与其父亲交往的众多风水先生中，胡重认为何可达知识最为厚实，只是不善言谈，不能像其他风水先生那样口若悬河，滔滔不绝，故而名声不大，生意清淡。胡重说服族人用厚礼聘请何可达一家来宏村居住，让他能潜下心来感悟汪氏祖先选择的这一风水宝地。

与西递相邻的屏山被称之为风水古村

徽
州

007

何可达对于胡重的厚情感激万分，生出一种"士为知己者死"的信念，在胡重的陪同下，每天坐着轿子，走遍宏村周围的山山水水，两人不断探讨商榷，历经10年，最终确定宏村地形为一卧牛形，当按牛的形象来设计、规划整个村落的布局。于是一个"山为牛头树为角，桥为牛腿屋为身，凿水圳作牛肠穿村而过，以月沼为内阳水，南湖为外阳水，作为牛的两胃"的牛形村落规划终于形成，后人按照这个规划，前后经历了180余年，方完成整个牛形村落的建设。

500年前，胡重与何可达在规划设计"牛形村落"布局时，改造生存环境仅仅是一种手段而非终极目标，他们的终级目标是汪氏后代的繁荣昌盛，而汪氏宗族后来的发展是否达到了他们当初设想的效果，很难精确回答，但宏村汪氏后来整体上确实是日趋兴旺，明、清时期，便已是"栋宇鳞比，烟火千家"，为黟县"森然一大都"，而且涌现出一批经营成功的商人和仕途通达的官宦。

这是否便是胡重、何可达他们当年极力追求的理想效果？如今，西递、宏村同时进《世界文化遗产名录》，其间，应该说有一种必然的联系，对于宏村汪氏宗族来说，尤其不能忘了那位名叫胡重的西递女人。

从公元 1465 年开始，西递村开始逐渐繁荣，而公元 1662 年到 1850 年这近 200 年时间里，西递胡氏开始进入宗族鼎盛时期，即前面提到的胡氏宗族人口发展到"三千烟灶、三千丁"的人口高峰、住宅建设高峰和相当于现在的 3 倍版图。

1850 年后，经历了近 400 年的殷实、繁华，西递胡氏宗族开始衰落。其间原因很多，外人多认为是国家政治环境的改变，徽商赖以支撑的政治靠山倾颓，加上徽商最为活跃的地区也是战争最频繁的地区，许多在外经商、为官的胡氏族人因为战乱而无法回到家乡，村中大量豪华宅邸因之废弃，致使西递显出从未有过的萧条。然而，西递村的一些老人对于这个宗族、这个村落的衰败却有着另一种解释，这种解释似与风水有着关联。

他们认为，西递胡氏之所以后来逐渐衰败是水口风水被严重破坏所致。西递胡氏鼎盛时期，随着人口骤增，房屋建设的规模也不断扩大。建房需要大量的石料，而黟县建房所用的石料——"黟县青"便出在西递村水口边上的山坞里。于是，年复一年，日复一日，水口亭边的石料场里，终年人欢马叫，人来人往，石窟被一个个开掘。几百年来，人们看到的是人丁兴旺，村落繁华，直到西递出现衰败征兆时，人们才意识到水口是西递村的龙头，是风水"气"说中最重要的吸纳之处，而今因为开挖石料，水口地底的"龙脉"被挖断，龙头被掏空，风水遭到严重破坏，致使宗族整体衰落。于是胡氏宗族封闭了采石场，然而，一切都为时晚矣。

不过，即便是古时西递，也有人对风水的影响力提出不同的看法，清人胡文滴在《笔啸轩记》中就提到，对西递人来说，最上等的追求是读书、做官，只有这样才能继承先祖的遗风，而这一切在于人之立志如何，如果仅仅因为有着西流聚秀、峰峦献奇的风水，而不肯立志拼搏，则一切都不可能成功。

坦率地说，在封建社会，特别是迷信崇拜风水的徽州，能提出这样的见解当是非常明智之士，然而，对于那时的西递人来说，他们更愿相信，世间一切成败都取决于风水那超自然的威力。

西递人笃信风水的实例还可以在西递民居大门的朝向上看出，那就是西递现今保存完整的古民居建筑，大门极少朝正南开启。中国古人造房，必先看方向的利与不利，然后择定吉日方能动土。不论宅基地如何千差万别，住宅的主体必须朝着吉方，而宅的主体朝向，体现在大门的朝向上，因此，门有着特殊的象征意义，因为门通出入，是"气"口，风水学上最为讲究的便是"气"，所以风水大师们便有"宁为人立千坟，不为人安一门"的说法。西递鼎盛时期近千幢古民居大门极少向正南开启，向人们展示了风水观念的强大制约力，纵观西递现存的古民居大门，一般都是朝着东、西、北三个方向，偶尔有些房屋受宅基地局限，不得不朝南开设大门时，主人也要设法让它偏一偏，宁可开成一扇斜门，让外人笑其为"歪门斜道"。

对于这种现象有两种解释，从封建制度角度来看，在封建社会中，许多事物都有尊卑之分，连区分方向的东西南北也不例外，古代把南向称为至尊，宫殿、庙宇都朝正南，帝王宝座也是坐北朝南，叫作"南面称孤"。

正因为南向如此尊荣，所以民间造房，谁也不敢取子午线的正南向，都得偏东或偏西偏北，免得犯讳而获罪。

而从风水角度来解释则认为，西递古人在建房过程中有许多禁忌，这些禁忌与当地的文化、经济有密切联系。西递人经商致富，商为西递人的"第一等生业"。而从汉朝起，中国就流行"商家门不宜南向，征家门不宜北向"的说法，因为"商"属金，南方在五行中属火，火克金，所以商家门朝南开不吉利；"征"为兵家，"兵"属火，北方在五行中属水，水克火，古人把打了败仗称之为败北，所以兵家建房，大门不宜朝北开。

西递古人笃信风水，而风水与西递胡氏宗族的荣枯盛衰是否有着必然联系，后人确实无法论证。反正风水这东西，大概也同佛殿里悬挂的那"信则灵"的匾额所表述的意思一样，信与不信都能列出很多的论据。至于它究竟有无科学性，人们无法断定，因为我们能够理解的，大多是我们已经认识的东西，宇宙间，人类尚不能认识的东西还很多、很多。

徽

州

官 商 互 济

——徽商发展的一大特色

"走马楼"，立于西递村头明经湖畔。起名"走马楼"，顾名思义楼可走马，而实际上，它只不过是一条宽两米、长数十米的楼阁式回廊。

"走马楼"胡氏宗族的文化沙龙

登楼远眺，一条石板大道伸向远方，隐没在群山背后。早年，西递村无数读书人、经商人便是顺着这条古道，走出层层叠叠的大山，足迹遍及宇内。而这走马楼，多少年来，就这样深情地望着一个个背影离去，迎着一张张带着成功的喜悦或是失败的沮丧的面孔归来。

走马楼是清道光年间户部员外郎胡积成捐资修建，原名"凌云阁"，意在鼓励族人要有凌云壮志。步入"凌云阁"的大门，是一个宽敞的花园，栽种着四时花木。早年，每当秋高气爽，皓月临空，或是雨后斜阳，雪后初霁，胡氏宗族中的那些读书人，便会齐聚此处，吟诗作赋，谈古论今，其热烈和优雅，颇似西方早期的文艺沙龙。

最为热闹的是每年春节期间，那些外出经商辛苦一年的商人们回到家乡，"凌云阁"便又成了他们聚会的场所，他们相互交流经营的酸甜苦辣和经验教训，而这时，"凌云阁"便又成了商会。

"襄德"是胡氏宗族追求的人生价值观

那些年，"凌云阁"是西递胡氏宗族中无论是读书人、做官人，还是经商人都愿去的地方。进入"凌云阁"，每个人都只是宗族中的一员，社会上那种森严的等级，在这里被血浓于水的宗族亲情所代替。读书人喜欢听那些在外做官、经商的人谈论各地见闻，以此来扩大自己的视野和知识；而经商的人在这里可以接受读书人的文化熏陶，提高自己的文化修养，还可以在做官的人那里了解一些官场的潜规，使他们日后与官场打交道时能做到心中有数。

"凌云阁"在历史上无疑是胡氏宗族中读书、做官、经商者的进修学校，这在其他聚族而居的古村落中是极少见到的。

胡积成身为户部员外郎，之所以要捐资修建这样一个供族人活动的场所，是因为西递虽然自古尊儒重教，人们希望宗族中的男人个个都能读书做官，但能通过读书做官这道独木桥的人毕竟是少数，西递胡氏宗族中绝大多数人是以经商为第一生业。他们求利四方、备尝艰辛。然而，在封建社会中，商人地位极低，他们饱受盘剥之苦，切肤之痛使他们感到从事商业的艰难，财产生命缺少保障。胡积成的祖辈是经商发家，因此他清楚，只有依附封建政治势力，商人们才能保全性命与财产。而要想让商人能有效地结交官场，就必须让商人与官府有共同语言，这共同语言便是儒学文化。西递商人虽然在外出学习经商之前，都在家乡接受过一些儒学教育，粗通文墨，但长年的商海拼搏，早已让他们将学到的点滴知识淡忘，而"凌云阁"便是他们不断"充电"、不断接受文化熏陶，提升结交官场本领的场所。

戴震语录

　　纵观徽商发展史，商人们虽因经商致富，但在政治上毫无地位可言，不断受到的欺压使他们感到要寻求政治上的庇护，因为没有政治上的保护，商人们连立足都困难，更谈不上发展了。清代两淮盐差李煦在给康熙皇帝的奏折上，就对商人们因何要设法结交官府，含蓄地谈出了自己的见解。他认为商人们都是懦弱的，他们盼望平安无事地经商，因为一旦遇到麻烦，要打官司，肯定会受到来自各方面的敲诈和勒索，为了届时不受欺压，他们不得不预先设法结交官府，这样，一旦出了麻烦，便会得到保护。

　　事实上，有无官场的庇护对于商人来说确实大不一样，歙县商人鲍绍翔在浙江经商，因为生意做得好，受到别人的妒忌，故意寻找事端欺负他，官司一直打到浙江巡抚那里。由于鲍绍翔平日注意和当地官府搞好关系，所以关键时刻，得到了他们的援助，官司打了 10 年，鲍绍翔的财产与精神均未受到大的损失。晚年，他在回忆这段经历时，感慨地说："我一生中每次遇到强大的敌人，必定会有朋友出面帮忙。"这里所说的朋友，显然不是普普通通的老百姓，而是官场或与官场有特别关系的权势人物。

　　而与官场结交，寻求政治保护，徽州商人有一种得天独厚的基础，那就是徽州自古崇儒重教，很多商人都曾经历过先儒后商的过程。正因为他们是先儒后商，便与那些先儒后官的权势人物在儒学这点上有了共同的语言。这种对儒学的共同推崇，使得许多官场人物在与商人打交道时，与徽商的感情更贴近。

　　然而，光有感情基础还不够，双方还必须充分施展自己的优势，才能达到官商互济的双赢效果。对于官府，其需要施展的是自己拥有的权力，对于商人则需要施展的是自己拥有的财富。

　　商人们如何施展自己的优势，既要让当官的人满意，又不能给自己和寻找到的政治靠山招来麻烦，于是，徽商在政治投资上大多有着两手，一手是暗地操作，一手是公开操作。暗地操作主要是尽可能满足当官者的求财欲望。徽商既然被称之为儒商，他们行贿官府便不光是钱财，很多时候，他们送给当官的是足以提升当官者文化品位的字画、文物，而这些往往是无价之宝。

　　相传黟县南屏巨商李宗煝，年轻时在铜陵大通一个当铺里当伙计，一天，一位大烟鬼悄悄将一张古画拿到当铺来当钱，李宗煝打开一看，不禁大吃一惊，那画上画的是唐太宗的遗容。冷静下来后，李宗煝不动声色地用自己存在店里的钱将那烟鬼打发走，便将那幅遗容据为己有。

　　那时，正值太平天国起义失败，李鸿章和他的淮军在江南名声大振的

朱熹、戴震是徽州人的自豪，他们的语录也常常陈设在祠堂里

时候。眼看自己将仕途通达，李鸿章想到日后要平步青云，需让外人知道自己的祖先曾是中国历史上的一位名人，而历史上姓李的名人，最理想的莫过于唐太宗李世民，于是，他召集一班文人为他重修宗谱，注明他李鸿章是李世民的后裔。李宗煜听到这个消息后，瞅准机会将那唐太宗的遗容献给了李鸿章，李鸿章如获至宝、大喜过望，许诺将向皇上举荐李宗煜为

官，李宗煜推说自己才疏学浅，难以为官，只求李鸿章将淮盐南运的经营专利权授予他，李鸿章正在兴头上，一口答应了李宗煜的请求。就是凭着这幅遗容，李宗煜由一个受人支使的小伙计，逐步走上了通往徽商巨富之路。

徽商对于官府公开投资，是积极响应官府的倡议，对于社会上的公益事业认捐投资。封建社会里，修桥补路，施衣施棺，建造学宫一类的公益事业，国家大多是不会拨款的，全由地方百姓集资建造，而这些工程又是地方官员的德政工程，日后，他们很有可能就是凭借这些有目共睹的德政工程而得以升迁。而商人们认为这不仅是个巴结官府的机会，而且能造福乡梓，实是一举两得，所以，只要官府提出倡议，徽商便会争先恐后地响应。

清乾隆五十六年（1791），黟县知县胡珿上任不久即倡议重修碧阳书院，西递首富胡贯三积极响应，首捐白银5000两作为启动资金。其后他的大儿子胡尚熷捐银15000两，被推荐为董事，主持书院的筹建工作。

徽州商人不但在自己的家乡积极响应官府的倡议，认捐投资，在他们经商的客居之地，也积极响应官府的倡议，踊跃认捐。据史料记载，乾隆元年（1736）扬州府学江甘学宫，因年久失修而倾颓，地方官提出重建学宫的倡议，居住扬州的歙县商人汪应庚立刻捐赠白银50000两，使江甘学宫焕然一新，而后，又捐白银2000两添置祭祀乐器，再捐白银13000两，购得良田1500亩，交于学宫经营，所得收入，作为学宫日常支出和资助一些经济困难的学子赴试开支。

当然，商人捐资最具效力、最有影响的，莫过于关键时刻，帮助朝廷解决燃眉之急，很好地维护封建统治。如歙县商人凌珊，在江苏瓜洲经商时，遇到倭寇来犯，周边城池均被倭寇占领，瓜洲岌岌可危，守城官兵惶惶不可终日。在此关键时刻，凌珊挺身而出，认为这个时候，只有重赏之下，才可能让人舍命坚守城池。他慷慨捐出家财给城里的年轻人。在他的精神感召下，城里的年轻人纷纷手执兵器站上城墙，倭寇来到城边，看到城墙上兵力充足，且斗志昂扬，只得连夜退兵。凌珊舍财保瓜洲得到了官府的嘉奖。

还有朝廷连年边关战事、对各地义军的镇压，徽州商人都曾大量捐款，有时捐得甚至连万岁爷也感到太多了，不忍心照单全收，下旨只收一半。

徽州商人政治投资能取得事半功倍效果的事，大概是对一些具有官场潜质者的资助。那些饱读诗书的士子，一旦进入仕途将前途无量，然而，

却因家境贫寒如龙困沙滩，徽商对他们的资助，不是那种趋炎附势的谄媚，而是肝胆相照的雪里送炭，怎不令他们铭心刻骨？一旦他们掌权，怎能不对这些徽商涌泉相报？清末红顶商人、大徽商胡雪岩便是最好的佐证。他资助王有龄进京补缺，王有龄回到杭州做官之日，便是胡雪岩成为巨富的起步之时。而捐资修建"凌云阁"的胡积成祖父胡贯三，也是这样一位对具有官场潜质者进行投资，而后收获颇丰者。

读古人书，友天下士

胡贯三经商小有起色时，了解到歙县雄村曹文埴乃饱学之士，他便通过关系结交曹文埴。其时曹文埴因家道中落，困守穷庐，胡贯三与其成为深交后，资助其白银千两进京赴试，并不惜巨资为其上下斡旋，使曹文埴平步青云，官至户部尚书。其子曹振镛也因良好的家学渊源而官至军机大臣、体仁阁大学士。

曹文埴对胡贯三的善举是感恩戴德，为官期间，数次来到西递，即使是年近古稀，致仕在家时，听说胡贯三要修建胡氏总祠，仍不顾年迈及路途遥远颠簸，赶到西递为胡氏宗祠题匾助兴。

曹文埴临终前嘱咐儿子曹振镛，善待胡贯三及其后人，曹文埴去世后，胡贯三在官场的一些朋友便出面找到曹振镛求亲，请曹振镛把女儿下嫁给胡贯三的小儿子胡尚经。

曹振镛虽然清楚胡贯三对曹家有恩，但要让他这个当朝一品的军机大臣，把女儿嫁给一个没有任何爵位的商人的儿子，他确实下不了决心，因为在封建社会中，商人的社会地位实在低下。可就在这时，一场自然灾害，促使曹振镛下定决心，同意了这门地位悬殊的官商联姻。

那是清嘉庆四年（1799），一场罕见的暴雨引发山洪，冲垮了徽州府治歙县的河西大桥，知府发帖延请徽州各县乡绅到歙县共商捐资修桥大计，胡贯三接到请柬后，推说自己身体不适，让小儿子胡尚经代赴歙县议事，胡贯三此举是考虑到自己年事已高，要想事业上后继有人，就得让后辈多多出头露面，扩大他们的社会影响力。

胡尚经一介书生，从未经历过认捐资助公益事业一类的事，大家坐下后，知府一倡议，他便第一个表示支持，并提笔第一个签名认捐，对于建造一座桥究竟需要花多少钱，他心里一点数也没有，反正感觉到凭他们家万贯家财，修建一座石桥岂不是小菜一碟。真是糊涂人胆大，他居然签了一句"建桥所有费用独家应承"的话，令在场众多富商倒抽了一口冷气。

胡贯三得知儿子冒失惹了麻烦后，没有任何怨辞，立即组织调拨钱款，择日动工，因听说歙县乡绅不满胡尚经的狂妄，扬言建桥时不准用歙县一石一木，胡贯三只得在休宁购买山场，开采石料，运到歙县，为修此桥，胡贯三关闭了12个钱庄和当铺。

胡贯三这种乐善好施的义举，使在京城的曹振镛大为震动，当即捎信给胡贯三，同意两家联姻，胡贯三攀上了这宰相亲家后，声名大振，生意也越做越发，成为江南6大巨富之一。其子胡尚增、胡尚焘均入朝为官。

最为有趣的小儿子胡尚经，进京赴试时，岳父曹振镛煞费苦心为其张罗，借自己做寿为名，宴请诸位考官赴宴，席间将女婿介绍给诸位考官，并似乎是不经意间说出女婿乳名尚经，至今仍无像样名号，请诸位大人费心赠他一个响亮的名号。因为曹振镛是乾隆、嘉庆、道光三朝重臣，深得皇上恩宠，此番如此隆重推出自己的爱婿，众考官心领神会，当下商议将其起名为元熙。元为第一，熙为光明，起此名，意味宰相曹振镛的爱婿今科必中状元。不料后来走漏风声，一夜之间，京城大街小巷全都贴着"新科状元胡元熙"的字条，曹振镛根基牢固，不怕闲言碎语，而主考官们却不敢再点胡元熙为状元，只是将他定为进士，后来，吏部因曹振镛的关系，任命胡元熙为杭州知府，西递胡氏大光门楣。而曹振镛回乡探亲时，

徽州

017

也专门来到了西递拜望亲家，并为明经胡氏所修的宗谱写了序言。

西递"走马楼"走出了一代又一代成功的官宦与商人。这建筑的构想，凝聚了胡氏祖先的聪明与才智；那长长的回廊，仿佛是一根神奇的飘带，将数不清的官宦与商人紧紧地系在一起。

牌坊，徽商的精神追求

立于西递村头的胡文光石雕牌楼，为世界文化遗产西递村的标识物。牌楼建于明朝万历六年，即公元1578年，距今已有400余年的历史。牌楼高12米，宽9.55米，为三间、四柱、五檐式结构，通体用的是质地坚韧细腻的"黟县青"黑色大理石。

立于村口的牌楼是西递的标识

牌楼底座雕有4只高2.5米的石狮，石狮呈俯冲姿势，造型生动，威猛传神，实为国内所罕见。1990年，原中国佛教协会主席赵朴初先生见此造型赞不绝口，说是"我到过很多名胜古迹，见到过许多造型迥异的石狮，但似这样作俯冲倒立的石狮却是第一次见到"。

而从建筑学角度来看，这种狮头朝下，形成重心下移的造型，是牌楼两根正柱的支撑，对于高耸的牌楼来说，它起着一种稳定的功能。

牌楼共有四层，每一横梁作为一层，一、二层的月梁、额坊为精美的浮雕，三、四层的饰件为生动的通雕，一层正中的额坊刻有"五狮戏绣球"，两侧月梁分别雕有凤凰、麒麟、仙鹤、梅花鹿；梁柱之间用石雕斗拱承托，两侧嵌以镂空石屏，二层西向正中刻有"胶州刺史"四字，东向则刻有"荆藩首相"四字，三层正中轴线上刻有"恩荣"两字，显示牌楼的建造是皇帝的宠幸与恩赐。

胡文光于公元 1521 年 34 岁进士及第，先任江西万载县知县，因为在家乡从小受到尊儒重教的熏陶，出任一方父母官后，积极兴办教育，主张教化，深得民心，后升迁为山东胶州刺史。

传家无别法非耕即读，裕后有良图惟勤与俭

　　胡文光任山东胶州剌史期间，正值明朝政府实行海禁多年后刚刚开始解禁之时。沿海一些通商口岸的官员，依然心有余悸，深恐倭寇死灰复燃、卷土重来，他们宁可不做海上贸易，也不愿去冒那风险。而胡文光却认为，倭寇猖獗多年，与明朝政府实行海禁，影响海上贸易，损害了商人利益有关，海禁一旦解除，海上贸易一旦正常，地方官员采取有效的措施，倭寇就不可能死灰复燃。于是他谨慎地打开门户，鼓励商人大胆从事海上贸易，使胶州成为中国北方主要的海上贸易口岸。

树叶门框寄托着徽商叶落归根的期盼

　　胡文光的作为虽让国家增加了税收，百姓安居乐业，却有一些嫉贤妒能之辈暗使手脚，联名状告他与商人勾结。在封建社会中，商人的地位是非常低下的，官员与商人交往有着很大的风险，甚至被认为是"有玷名器"。一个勾结商人的罪名，就足以致胡文光于死地，幸好万历皇帝的叔叔荆王非常欣赏胡文光的才干，做通万历皇帝的工作，将胡文光调至荆王府任长史，王府的长史也称作首相，故胡文光便有了荆藩首相的官衔。

1578 年，胡文光为官 23 年后，明朝万历皇帝恩准他在家建造一座牌楼，以光宗耀祖。在封建社会里，能在生前让皇帝批准建造牌楼，可以说是一种相当的礼遇。

牌坊这种建筑始于何时史料上无从考证，但在中国封建社会里，特别是明清两朝，人们非常重视牌坊的建造，以为牌坊可以传世显荣。读书人追求的是在自己的家乡建造一座功名坊；追求道德完善者希望的是能在家乡建造一座孝行坊、义礼坊；而后来，为了维护封建礼教对妇女的压迫，又生出了许多贞节牌坊。古徽州作为程朱理学的创始人程颐、程颢和朱熹的故乡，尊儒重教是人们的行为准则，而作为充分展示尊儒重教成就的直观景物——牌坊，便尤为徽州人所推崇。一代代徽州人盛馆舍以广招宾客，扩祠宇以敬宗睦族，立牌坊以传世显荣。

明清时期，徽州这块土地上有着数以百计的牌坊，这在中国古代建筑史上也可称之为一大奇观。

值得一提的是古徽州土地上牌坊虽多，但与之功能相同，建筑形式不尽相同的牌楼却为数不多，牌楼与牌坊在建筑形式上的最大差异在于牌楼有檐，其飞檐翘角、气势雄伟，且雕琢较为精美，而牌坊多为一柱冲天，没有飞檐，且雕琢较为粗犷。

历史曾在西递村头留下 12 座牌坊，而牌楼却只有这一座。那 12 座牌坊后来随着时代变迁，社会动乱，纷纷消失，如今只留下了这座建造最为精良的牌楼。人们在惋惜那 12 座牌坊消亡的同时，又会为"物竞天择，优存劣汰"的安排，感到不幸之中的大幸，历史毕竟把它的精华留给了后人。

有趣的是，那已消亡的 12 座牌坊的主人，他们之中，有人地位比胡文光高，有人权势比胡文光大，而他们光宗耀祖的牌坊与胡文光白外牌楼比，却相形见绌。

胡文光论官阶，不过是四品官；论权力，不过是王府的一位长史，为什么他的牌楼规格可以超越那些地位、权力远比他高、比他大的人？

据胡氏族人介绍，这是因为胡文光为之效力的荆王，是万历皇帝的叔父。按照封建礼教，作为叔叔的荆王，皇帝的关系与他首先是君臣关系，每日早朝必先行君臣大礼，荆王毕竟年事已高，寒来暑往，天天如此，万历皇帝感到不忍心，特许荆王此后不必早朝，有事就让王府首相代为奏报。于是，四品官胡文光被授予朝列大夫，代理荆王每天上朝去见皇帝。就是这一个"代"字，大大提高了胡文光的身价，也正是这个"代"字，使胡文光有了更多接近皇帝的机会，也使万历皇帝对胡文光的德才有了进一步的了解。古徽州众多的牌坊中，绝大多数都是主人死后，由皇帝批准追谥的，而胡文光的牌楼却是在其生前由万历皇帝批准建造的，胡文光当时受到的是何等恩宠可想而知。胡文光能在生前看到显示光宗耀祖的牌楼在家乡的土地上拔地而起，其内心的喜悦之情可想而知，而这一切都应归功于胡文光有荆王这样一个官场知己，有这样一座坚挺的靠山。后人评论这点时说是"山不在高，有仙则名；水不在深，有龙则灵；官不在大，有靠山就行"。

宗祠大门的飞檐大多气势恢宏

胡文光牌楼最有特色的是牌楼四根石柱上共有 12 个穿榫，上面立着文臣、武将和中国神话传说中的"八仙"雕塑，奇怪的是四位凡夫俗子的文臣武将，竟然无所顾忌地立在八位仙风道骨的神仙之上。据胡氏族人介绍，他们的先辈曾告诉他们，胡文光之所以在牌楼上做这样的设计，是希望借此告诉后人，读书做官是最高追求，后人要争取做到"出则为将，入则为相"，倘若达不到这最高的境界，也不妨"八仙过海，各显神通"。如果胡氏族人一代代传说的这句话，真是胡文光当初的本意，那么胡文光在当时，可以说是一个思想解放、头脑清晰的官宦，而这又与他在任胶州刺史期间沟通商人，大胆进行海上贸易的行为有某种相似之处。他的这种劝喻,也正体现了当时徽州人把"读书做官"作为终极目标的观念的动摇。写到这里,笔者突然想到了宏村古民居"树人堂"。"树人堂"顾名思义,百年树人,是汪氏族人培养后人读书做官的场所,然而"树人堂"大门口的鹅卵石图案,却分明布置成一个个铜钱形,那一个个叫人眼花缭乱的"孔方兄",让人联想到登堂读书为求官,而一旦跨出这大门,首先还是要求财,求生存。

胡文光作为一名封建社会读书做官的成功者,能在尊儒重教的家乡提出这种理念,不能不令人叹服,而西递此后的繁荣也正是遵循这一理念的结果。明末清初,西递村虽然读书氛围浓郁,"十户之村,不废诵读",但村中却是十室九商。也正是这些求利四方的商人,为西递运回了大量的财富,他们在家乡建造了一幢幢豪华精美的住宅,并在胡文光牌楼前建起了胡氏总祠——明经祠。胡氏族人拉开祠堂大门,扑面而来的便是这胡文光牌楼,这牌楼是成功者的标志,是宗族的荣耀。胡氏宗族中不论是读书人,还是生意人,站立在这牌楼下,都能感悟到某种启示。这高耸的牌楼对于他们来说,无疑是激励他们奋力拼搏的丰碑,谁不想自己有朝一日衣锦还乡,也在家乡的道路上建造这样一座巍峨的牌楼?

顺便说一句,据胡氏族人介绍,当年,胡文光牌楼在建造过程中,曾出现过一种让人匪夷所思的意外,后人一直百思不得其解。

说是胡文光牌楼是当时京城有名的建筑设计师设计的,因为胡文光是进士出身,被称为文曲星下凡,故牌楼按道家的三十六天罡星吉祥数而建,牌楼高三丈六尺;四个层面,九个方洞,四九三十六,合天罡星数;飞檐上是六双鳌鱼,配上底座大小六只狮子,六六三十六又合天罡星数,唯一难以解释的是牌楼上嵌着的石雕花盘只有32面,似与当初用心不符。

据说,当初设计时,花盘也是36面,然而牌楼建好后再数花盘时,却只有32面,不料这32面花盘竟是一种预兆,胡文光从政32年后,1587年病死于任上。

预兆这种现象究竟是一种巧合,还是一种"天意"?胡氏后人一直无法解释。

胡文光牌楼的建造虽是皇帝恩准的,但建造的费用全部得由自己承担,这从牌楼顶部雕刻的"恩荣"两字便可判断,倘由国库拨款,那牌楼上方雕刻的便是"圣旨"二字。胡文光一生清廉,据说当年虽然拿着皇帝恩准的批文,却因资金无着而迟迟未能动工,是宗族中那些经营成功的商人们为他捐资修建了这座牌楼。商人们以胡文光为宗族的骄傲。

纵观古徽州那数不胜数的牌楼、牌坊,大多是商人们捐资建造的,但无论是牌楼或牌坊，都是政治与官宦的专利，商人们是可望而不可即的，即便是腰缠万贯的富商，也休想为自己立一座牌坊。商人们如果也想在自己的家乡留下一座昭示后世的牌楼或牌坊，那他首先就得鼓励子孙后代，认真读书做官。这使笔者想到，历史上徽州商人为什么会那样重视教育的投入，这其中的动机也许就有一点，是因为他们把建造牌楼和牌坊的重任压在子孙后辈的肩上，尽管这种期望有时会显得那样渺茫。

徽州商人为徽州的发展做出了那么大、那么多的贡献，然而立在古徽州大地上那数百座牌坊却极少属于商人，这应该说是徽州商人或者说是中国古代商人的悲剧。

胡文光牌楼在"文化大革命"中，也曾面临灭顶之灾。炸毁牌楼用的炸药已被绑在底座上了，只是考虑到周围有民房，炸飞的石块如果毁了人家的房子、伤了人，无人来负责，一位乡领导便建议："那十几座牌坊都拆了，这座牌楼既然不好拆，就不要想什么办法了，干脆留下来作反面教材得了。"就这一句话，为后人留下了一座中国传统文化的瑰宝，为西递成为世界文化遗产增添了分量极重的砝码。

这使笔者想起了一句古语："公门里，好修行。"当官的要想做点好事还是有条件、有机遇的。

徽
州

远山近屋倒映在平静的湖中

乐于积聚与乐善好施

——徽商道德探索

笔者又一次去西递，是在一个细雨霏霏的清晨。雨中的西递是那样恬静、优雅，四周的山显得格外青翠。那青山与其环抱中的白墙黑瓦的村落，在色调上相互渗透，相互交融，款款地流溢出一种和谐之美。

徽商捐资修建的古桥

也许是去得太早了些，村子里显得空空旷旷，街道上也很少有行人。不知为什么，笔者每次去西递，总不喜欢看见太多的人，之所以常常选在月夜或清晨，是因为那种空旷的寂静，使笔者仿佛置身于时空隧道，身心转瞬间便倒驶了三五百年。特别是这雨后，村中街道上的石板大道像涂了一层油，黑黝黝的光可鉴人，更令人神清气爽。

西递村的街道修建过多少次已无从考证，但最后一次铺设这平展的"黟县青"板材，应该说大约是清朝嘉庆、道光年间，距今已有近200年的历史。

据说，西递富商胡贯三当初捐资在全村铺设石板大道，是为了迎接他的宰相亲家曹振镛的，为了显示自己的经济地位与亲家的权势地位门当户对，胡贯三斥巨资不仅在全村铺设了石板大道，还在村中建成了气势弘宏的官厅——迪吉堂。

纵观徽商创业，历尽了后人难以想象的艰苦磨难，而成功后，他们也依然保持节俭本色，极少挥霍。古徽州的土地上，流传有许多腰缠万贯的商人节俭成癖的故事。

黟县龙江有一位江姓商人，世代在外经商积聚了大量财富，而他却为家人定下了许多节俭的家规，其中最有趣的一条是"家有千金，不点双芯"。古时，夜间照明通常用的是油灯，两根灯芯的灯光已是模糊一片，一根灯芯，简直便是满目昏暗。为此，他规定家人所有家务活必须白天做完，没有特殊情况晚上不准点灯，以免耗费灯油。倘若客人夜间来访，才允许点起一根灯芯，因为光线昏暗，主人不得不迎至大门口，牵着客人手，摸索着走进厅堂。

而传说中一些已是店铺林立的大老板，每天早上佐餐的菜肴只是一截竹筒盛着的炒黄豆。将筷子伸入竹筒夹黄豆，该是多么的困难，即便是百发百中，每次至多也只能夹起一粒，一竹筒炒黄豆，往往要吃上个把月。

诸如此类节俭成癖的传闻还有很多。造成徽商如此节俭的因素很多，而最主要的是，他们为生存曾承受过太多的苦难，这迫使他们对已经取得的温饱生活非常珍惜，"富从升合起，贫因不俭来"的格言，被一代代传承下去。

然而，自奉极其节俭的徽商，在面对社会公益事业的捐助活动时，却又极大地表现出乐善好施、慷慨大方。

西递胡贯三父子不但捐巨资修建歙县河西桥，而且捐重资重建休宁齐云山登封桥，铺设休宁至黟县及祁门的石板大道，如此种种善举，使得他那儿女亲家，时任清廷军机大臣的曹振镛也顾不得避嫌，公开为他称颂道："呜呼，胡通议（胡贯三因乐善好施被嘉庆皇帝封为通议大夫）诚好义也！"

还有黟县南屏徽商李宗煝，其幼年丧父，家境窘迫，外出学习经商时，从事的是长途贩运，自己是肩挑手提，翻山越岭，日行百里，身上只有一条单裤，且鹑衣百结，草鞋烂了，就在山上扯条葛藤缠上再走，如此艰难创业。他在成功后，却斥巨资18000两白银，在铜陵筑堤修河，一个长达40里的水利工程，使当地十年九荒的农田旱涝保收。他所寄居的大通，是当时长江航运的主要口岸，但因没有码头，上下轮船均用木船接

送。于是，李宗煝又捐资首倡建造大通招商码头，为发展长江航运提供了方便。

西递街道上的石板路全是当年胡贯三独资铺设的

黟县碧阳柏山商人范慰文，早年丧父，其母靠种菜、为人做针线活供养他读书。一次，其母亲挑着菜担子经过村口的木桥时，因为给一位推车的老人让道而崴了脚，泪流满面地坐在木桥上。范慰文闻讯赶到桥上，抱着母亲哭道："娘啊，我不读书了，我去帮你种菜挑担。"谁知他母亲闻言，竟擦干眼泪，猛地站了起来，呵斥儿子道："你这叫什么话，我要你来帮我种菜？你赶快回学校去好好读书，以后有了出息，就在这儿修一座大石桥，方便过往行人。"范慰文后来果然经商成功，按照母亲生前的愿望，在那条河上修了一条九孔大石桥，并将它起名为"廉让桥"，以歌颂他母亲当年主动为别人让路受伤的美德。

古徽州对于公益事业的投资，也不仅局限于少数富商巨贾，一些中、小商人财力虽然有限，但对捐资兴办公益事业却情有独钟，甚至不惜倾家荡产，黟县渔亭商人杨乃贤父子所为便是一个生动的事例。

在商贾如云的黟县，杨乃贤算不上名列前茅的富商大贾，充其量只能算是一个中等资产的商人。乾隆二十四年（1759），黟县渔亭修建横跨漳河的永济桥。渔亭素称"七省通衢"，永济桥是当时连接皖、赣两省的主要通道，建桥耗资巨大，黟县商绅踊跃捐资，渔亭商人杨乃贤也捐资白银2000两。不料工程进行到一半时，所集资金告罄，眼看工程搁浅且极有可能半途而废，当时，杨乃贤已经去世，其子杨天培子承父业继续在渔亭经商，于是有人找上门，希望杨天培能继续其父未竟的善举，杨天培慨然应允，将祖传的商号一爿一爿地拍卖，以维持建桥的开支。杨天培的行为，感动了黟县众多的商绅，他们再度捐资，使永济桥终于完成。然而，桥成之日，却是杨乃贤、杨天培父子破产之时。如今，永济桥仍是连接皖赣两省交通的主要桥梁，每日里车水马龙，虽历经数百年风雨，仍如磐石般坚固，与其说是建筑质量上乘，不如说是徽商精神永固。

其实，徽商对公益事业所倾注的精神，不仅是体现在经济上的支撑，而且体现出一种对完美的追求。西武商人孙洪维捐资修建西武岭便是又一生动事例。

黟县历史上人口多耕地少，粮食自给困难，江西省自古便是黟县粮食的主要供应地，所以，黟县自古便有"吃江西"之说。江西省供应黟县的粮食绝大部分是通过西武岭输入，而西武岭只是崎岖小路，往来极不方便。乾隆年间，西武商人孙洪维独资修建西武岭，其时孙洪维已告老还乡，工程开始时，他便将行李搬到工地，住在和工人一样临时搭建的工棚中，对工程进度和质量进行全方位的监督。

西园，小巧玲珑的徽商宅院

历经 4 年，西武岭上铺就一万余块花岗石。一条蔚然壮观的石板大道，仿佛一条银色的巨龙，盘旋在绿树草丛之中，翻越高高的山坳。

最令人感慨的是，西武岭建成后，孙洪维派遣家人连续数月守候在岭上，认真倾听行人对工程的评价。

一次雨后，一队挑着油篓的挑夫路过西武岭，雨后的花岗石闪闪发亮，像是涂了一层油特别滑，尽管挑夫们极其小心，还是有一位老挑夫滑倒了，肩上的油篓也滚下了山崖。老挑夫坐在地上叹着气说："孙老板积德行善，修了这么一条给人方便的大岭，只可惜晴天好过，雨天难过呀！"

家人把见到的事和听到的话原原本本地报告给孙洪维。孙洪维立即命家人找到老挑夫，向他表示歉意，并赔偿他的全部损失；同时，再次召集当初的建岭工匠，共商防滑措施；最后决定在每块条石上再凿两条防滑槽。工匠们为孙洪维的精神所感动，他们在凿防滑槽的同时，在条石的一端凿上自己的工号，以方便孙洪维以后发现工程质量问题时，能及时确定是哪个工匠的责任。徽商孙洪维的这种认真负责的精神，确实给后人以太多的教育和启示。

古徽州的土地，为什么历经数百年的风霜雨雪，还能保留如此众多的文物古迹？除了交通闭塞、免受战争、经济发展相应落后等原因外，徽州商人在其修建之初便倾注大量心血，求真务实，苛求完美的精神也是一个重要因素。

徽商对社会公益事业的投入，也不仅局限在家乡和经济相对落后的地区，即便是在经济相对发达地区也有许多徽商慷慨解囊，做出许多造福当地百姓的善举。1915 年，在上海经商的黟县商人吴子敬，因办理业务去江苏无锡，在惠山浜口乘船过大运河时，见河面上有渡船被风浪倾覆，不少人丧生，立即决定独资在此修建一座铁桥，为两岸居民来往提供方便。工程总投资 32324 块银圆，议定先期付款 20000 银圆，余款在工程结束时付清。不料工程动工后，中途战争爆发，施工方经济发生困难，而此时，吴子敬已身患重症，为了使后人体谅自己的良苦用心，吴子敬提前把议定的投资金额全部拨付到位。施工方为吴子敬的精神所感动，集中力量，昼夜施工，当年 11 月 29 日，吴子敬去世，第二年 2 月 24 日，铁桥建成，无锡百姓自发为吴子敬举办追悼会，并将铁桥命名为"吴桥"。

走在西递的古街上，身心体味感悟徽州商人对社会的无私贡献，深深为他们的精神所震撼，也明白这儿为什么会成为世界文化遗产地。因为徽商许多精神，是人类共有的美德。需要一代一代永续传承的不仅仅是这些精美的古建筑，更是促成这些精美建筑留存的道德精华。

徽商人生与经商的辩证法

　　西递"瑞玉庭"建于清朝咸丰、同治年间，距今 130 余年。

　　商人胡时虎当年建造此房，原本是"一"字形铺开四间，供几房儿子媳妇居住，"瑞玉庭"只是其中一间。当年这"一"字形的四间房子，每间都有大门通向外边，而房与房之间，又有门相互通达，叔伯妯娌之间走动极为方便。一家有难，大家相帮；一家有喜，大家相庆。打开大门是四间房子，关起大门，又分明是一间房子，在设计上体现了有分有合的特色。

　　后来，树大分桠，房屋易主，四间房屋居住的已不再是一家人，原先体现整体设计、相互通达的内门，反面显出了诸多不便。于是，内门便被封闭，每间房子也就自成单元，正应了"合久必分"的自然规律。

　　"瑞玉庭"以其庭院小巧玲珑、厅堂古朴典雅而吸引游客。然而，最具特色的当属其厅堂上悬挂的那副写了"错"字的楹联。

徽

州

031

瑞玉庭厅堂古朴典雅

瑞玉庭中错字联

　　这副联文为"快乐每从辛苦得，便宜多自吃亏来"的楹联，上联快乐的"快"字少了一点，辛苦的"辛"字又分明多了一横，下联"便宜多自吃亏来"的"多"字少了一点，而吃亏的"亏"字又多了一点。

　　西递素有文化之乡的美誉，村中饱学之士比比皆是，为什么会让这样一副"错"字连篇的楹联悬挂了百余年？其间，究竟有什么奥秘？

　　原来，这副楹联是一位成功的商人经营与处世哲学的人生体味。这位商人感受在人生和经营过程中，多付出一份辛苦，就能多收获一份体现自我价值的快乐，而多吃一点亏，往往便能获得更大的便宜。这里的便宜，不应看成是不当利益的获取，而应看成是一种方便与适宜。正所谓"吃亏是福"，而这种亏是"明亏"，是合规的利益分配上给人多切一块。这副楹联内容连起来看就是要想事业成功，你就要享受轻松快乐少一点，付出辛劳比别人多一点，在利益分配时，你自觉少拿一点，为了大家共同奋斗的事业甘愿吃亏多一点。而这多一点、少一点，正是徽商创业时的感悟与经验。许多成功的徽商在创业过程中，无不具备这种浅显的重付出轻获取的义利观。正是这几个"错"字，激起了后辈的极大兴趣，促使他们记住了这副楹联的内涵。

东瓶西镜的厅堂陈设寓意徽商对平静生活的向往

徽州

033

富而教不可缓

——徽商对教育的感悟

　　西递"桃李园"是一所小巧别致，有着前、中、后三个三开间的楼房。清代秀才胡允明建造此房，一为居住，二为教书授业所用。

"桃李园"胡氏宗族的私塾，是古代教育体制中一种最小的学校

中国封建社会有两种办学方式，一种是官办，一种是私办，而私办又分宗族办和私人办两种，胡允明是私人办学，又称之为私塾。

私塾在众多的学校中是规模最小的，它通常是由一位老师对数名学生进行个别教学，胡允明的三间小厅，当时是作为三个不同层次的学生学习场所。

大概是出于日后能"桃李满天下"的期盼，胡允明将自己房子起名为"桃李园"，并于教书之余在院内多植桃李。

鼎盛时期，西递有这样的私塾10余所，以至于清代道光年间的军机大臣曹振镛来西递时，忍不住赞誉这儿是"山川清淑，风气淳古，弦诵之声，比舍相答"。

古之徽州，自宋代以来，对教育便非常重视，其"十户之村，不废诵读"的教育氛围，使人感悟到这块土地不可低估的前景。

当年民办小学

明清时期，徽州商人在中国商界大展身手，成功的商人为光宗耀祖，报效家乡，捐出了大量资金，资助家乡"振兴文教"。仅以黟县为例，西递商绅胡尚曾捐白银18000两修碧阳书院；胡元熙、胡积成捐白银5000两资助歙县紫阳书院；屏山商人舒大信，捐白银15000两在村边修东山道院，并在其旁边置屋10余间，作为宗族中子弟读书之处，后来听说县里正在集资修建碧阳书院,又立刻捐助白银 2400 两。清道光五年(1825),黟县知县倡议修建考棚,为参加考试的士子提供一个较为舒适的环境,倡议一发出,不到两个月绅商们即捐资白银 3 万余两。

着眼整个徽州,商人们对教育的这种资助,更是乐此不疲。徽商重视教育的直观效应是徽州一府六县的书院如雨后春笋。清初,徽州一府六县仅书院便有 54 所,黟县即有"桃源书院""淋沥书院""碧阳书院""松云书院"等近 10 所。而作为启蒙教育的宗族学校和私塾则不计其数。

当时,徽州这块土地上对教育的评价有一雅一俗两句话,雅的一句是"富而教不可缓";俗的一句是"养儿不读书,等于养头猪;三代不读书,等于一窝猪"。

足迹遍及宇内的徽商,在对教育硬件设施进行投资的同时,也将一些先进的教育理念和宽松的学术氛围带进了这层层叠叠的大山。

当时徽州的书院,大多宗法朱熹为"白鹿书院"所制定的学规,采取的是自学钻研、相互问答、集中讲解的教学方法,并邀请全国各地名流学者来书院举办讲学会,而最为典型的事例是力邀王阳明学派来徽州讲学。

徽州为大学者朱熹的故乡,对朱熹所创立的理学观点是最有力的支持者和实践者,尽管明、清两朝的统治者,把朱熹所创立的理学提升到了儒学正宗的地位,但是徽州人仍雍容大度地邀请与朱熹学术观点相对立的王阳明学派来徽州各大书院举办规模盛大的讲学会,每次会期 10 天,受众有时多达千余人。

也正是这种宽松的学术环境,使得当时徽州人思想特别活跃。读书,对在这块土地上生存的人们产生了强大的磁力,孩子无论日后从事什么职业,首先必须读书。清雍正元年(1723),在徽州一府六县中人口最少的黟县,参加秀才资格入学考试报名的读书人一下子突破千人大关,以至于县令不得不匆忙奏请上司,将黟县学校的规模由"中学"升为"大学"。

徽州那星罗棋布的书院中,流溢着徽商殷切的目光。书院那厚实挺拔的墙体,是以徽商雄厚的经济作为支撑的。

徽州商人不仅为家乡教育设施建设慷慨捐资,而且鼓励宗族中的子弟读书,对那些刻苦求学的士子,更是关怀有加。黟县关麓村至今还保存有一份清乾隆三十三年(1768)关麓汪氏宗族商人汪士元立下的遗嘱,遗嘱写道:"族人有业儒者,资助应试费用载于后,县试资伍钱,郡试二两,招试照正试例,院试三两;入泮一切费用俱众办,仍给银一百两,以为劝赏之资;乡试轿费十两,发科给银三百两,会试路费伍拾两,发甲照发科加倍给。"

　　这份遗嘱的奖励措施，在当时历史条件下，应该说是具有极大的诱惑力，那些宗族中的读书人，还有什么理由不去"三更灯火五更鸡"的勤学苦读？

绿树红花与古民居交相辉映

　　徽州商人对教育的重视不仅局限于经济资助，而且身体力行。歙县商人凌珊，早年失父，弃儒从贾，常常为自己不能毕生致力于儒学而悔恨，其经商成功后，不远数百里为自己的孩子和宗族中子弟延请名师，每天黎明即起，深夜方眠，督促后辈认真读书；他每次从外面办事回家，进门听到读书声便高兴，否则便生气。儿子稍有长进，他便悄悄告诉妻子：如果以后孩子当了官，你随他赴任，一定要时时提醒他做个好官，以不负我的遗愿。

　　徽州人这种对教育的重视，其直接成果是造就了一大批步入仕途的官宦，明、清两朝徽州进士达 1136 名，清代 112 名状元中，徽州占 19 名，居全国第一。而西递村，胡氏宗族在明、清两朝实授官职者即达数百人。

　　在培养了一大批读书做官者的同时，古徽州培养更多的是先儒后贾的商人。这些商人以儒雅的风采出现在中国商界，他们把儒学中所倡导的礼、义、仁、智、信作为经商的理念，不少人在经商过程中依然是手不释卷。西递商人胡春帆，每到一地，必先入书市观书，而后再做生意。他买书通常是一买便几百卷，外出经商，舟车往返，随行必载书箱，虽然身为富商，但始终保持节俭美德，唯有买书最为慷慨大方。

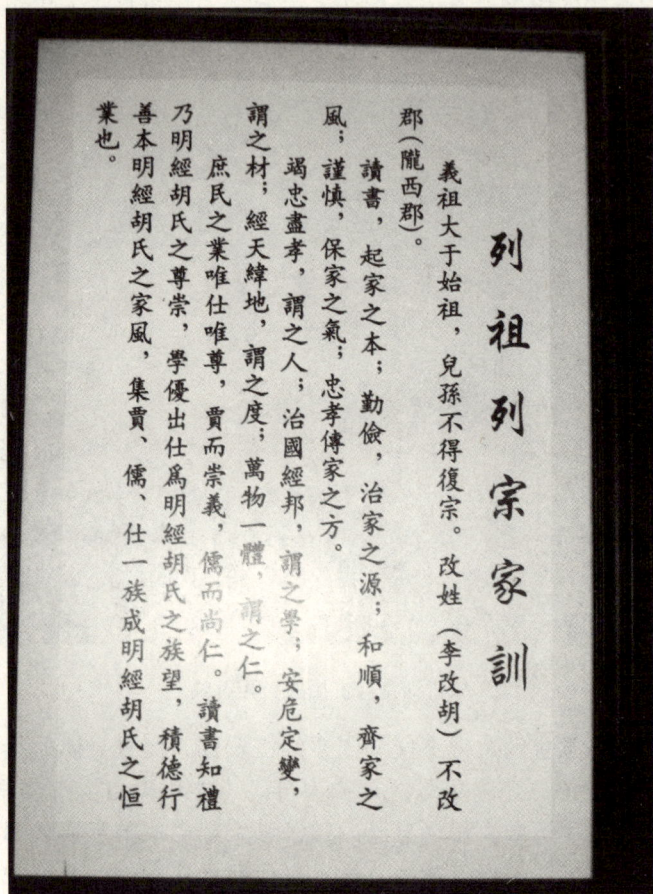

義祖大于始祖，兒孫不得復宗。改姓（李改胡）不改郡（隴西郡）。

讀書，起家之本；勤儉，治家之源；和順，齊家之風；謹慎，保家之氣；忠孝傳家之方。

竭忠盡孝，謂之人；治國經邦，謂之學；安危定變，謂之材；經天緯地，謂之度；萬物一體，謂之仁。

庶民之業唯仕唯尊，賈而崇義，儒而尚仁。讀書知禮乃明經胡氏之尊崇，學優出仕爲明經胡氏之族望，積德行善本明經胡氏之家風，集賈、儒、仕一族成明經胡氏之恒業也。

列祖列宗家訓

胡氏列祖列宗家训中的精华，至今仍有一种善世的意义

徽商之所以重视教育，源于他们绝大多数都是从中原移民徽州的士族后裔，"传家无别法，非耕即读"在他们身上留下了很深的烙印，"几百年人家无非积善，第一等好事只是读书"是他们世代传承的祖训。他们中的绝大多数人，虽然不能因读书而入仕，但先儒后商使他们感悟到，同是经商，读过书与没读过书大不一样。前者在经营活动中，大都善于审时度势，决定取予，运以心计，精于筹算；而后者，容易目光短浅，贪图蝇头小利，失之诚信。而且，商人在寻求官场的政治庇护时，先读书后做官与先读书后经商者，在儒学这点上，有一种共同的语言基础。

这使笔者想起，明、清时期活跃在中国商界的另一大商帮——晋商，晋商与徽商的最大差异是在文化素质上。晋商从明末到清嘉庆、道光年

间，之所以每况愈下，其中一个重要原因便是晋商不重视读书。清朝官员刘于义便曾在他给皇帝的奏折上评说，山西人的风俗习惯便是重利之念甚于重名，子弟中较为聪明的人，多送去学习经商，中等智力以下的，才让他去读书应试。就连雍正皇帝也认定山西人是"商贾居首，其次力农，再次者入伍，再下者方去读书"。而徽州人是把读书放在首位。徽商对教育的重视缘于他们曾经拥有"以文入仕"的梦，他们中绝大多数无论自身事业成功与否，都希望子孙后代能通过读书来实现自己曾经的梦。而在经商实践过程中，他们也体会到即便是经商，读没读书效果大不一样，世人常说"富不过三代"，徽州商人得出个中原因是忽视了对后代的教育。而从那些历久不衰的家族史中，他们也得出了"几百年人家无非积善，第一等好事只是读书"的结论。

良好的教育环境，活跃的学术氛围，不仅使古徽州人才辈出，儒林文苑也千姿百态，从而产生了众多的新安学派及其领军人物，他们在不同的领域里独树一帜。

徽州历史上良好的文化环境，使得从这块土地上走出去的人们对它产生深厚的眷恋之情，就连大学问家朱熹也"未尝一日忘归也"，并将其随身携带的印章刻成"紫阳书堂"，以至于后人将朱子之学称之为"紫阳学"。

再回过头来看"桃李园"，它那后厅两厢，镶嵌着一个漆雕欧阳修《醉翁亭记》的屏门，书法苍劲有力，作者黄元治是黟县西武黄村人。

西递自古人文荟萃，书法造诣高深者不胜枚举，腰缠万贯的商人们，从外地购买回来的书画名家作品成千累万，却为何要在这样一所西递很有名气的私塾中，悬挂一位名不见经传的外乡人的书法作品？究其原因，是因为西递古人重视道德教育，私塾中不仅有和其他学校一样的必修课，而且还增设有修身养性的道德课，聘请一些德高望重者前来现身说法。黄元治是黟县一位众口称誉的清官，他在西安任太守时，清正廉明，被当地百姓赞誉为"青菜太守"。其任上所得俸禄，大多资助了当地求学困难的士子，晚年归乡，孑然一身，田无一垅，房无半幢，只得借住在宗族的祠堂里。

"桃李园"的主人胡允明慕其清名，将他请到西递讲学，并将其作品永久性地展示在"桃李园"中，是想让后人学习黄元治，做一个忠君爱民的廉吏，正是这类生动活泼的教育，为西递培养了一大批成功的商人和清廉的官宦。

值得一提的是，清光绪二十一年（1895）四月，主张变法的康有为、

徽

州

梁启超联合 18 省在京会试的举子，向光绪皇帝呈上《公车上书》，在奏章上签名的安徽举子仅有 8 名，这 8 名之中 4 名是黟县人；而这 4 名之中，竟有 3 名是西递人。

桃李园后厅，两百年来一直保存着清官黄元浩的书法作品

清末，盛极一时的徽州开始走向衰微，其客观原因是政局动荡，战争频仍，徽商所倚重的几大行业被剥夺了特权或被排挤；而主观上，却是徽商所掌握的传统商业知识、经营理念，已远远落后于当时的商业形势。而造成这种落后最重要的一个原因，便是徽州文化教育的整体滑坡。

在新兴的资本主义商业已在中国沿海各大城市抢滩时，徽州的书院中，师生们还在抱残守缺、摇首闭目地念着八股文，昔年那热烈活跃的学术氛围，早已消失在缥缈的历史烟雨中，徽州书院再也无法向社会输出有着激活思想的商业人才。

而徽商在中国商界的节节败退，也使得他们再也无力顾及家乡的文化教育事业。

如此恶性循环，最终导致了徽州从繁华走向衰落，徽州书院那高耸的墙体，开始在历史的风雨中，一幢一幢悄然倾圮。

建幢房屋陪儿读

　　西递东园是徽商胡尚焘为其子胡星阁所建的书斋。传说胡尚焘幼年丧父，靠着祖宗留下的几亩薄田与母亲相依为命。这胡尚焘天资聪颖，所读之书过目不忘，且志向远大，立誓金榜题名，以光宗耀祖，奈何心比天高，命如纸薄，先祖留下的几亩薄田除了给他们母子糊个温饱，哪里有能力供他求学花费。长到 14 岁，看看家里实在无法再让他求学，母亲只得央求族人将他带至江西九江学做生意。

东园中的冰凌图与五蝠图书房门

　　胡尚焘毕竟从小困苦，当学徒时，勤勤恳恳吃苦耐劳，因为从小爱读书，空闲之时，总是手不释卷，加上写得一笔好字，深得老板的欢喜。老板生意越做越大，在外埠设立了许多分号，考虑到胡尚焘为人诚实可靠，便委他到芜湖分号做管事。几年后，在商场上积累了一定经验的胡尚焘，在朋友们相助下，开设了自己的当铺、钱庄，并且生意越做越顺，45岁时，便已成为江淮一带颇负盛名的商贾。

"东园"记载着一位富商陪着儿子读书的故事

五福图门框

　　胡尚焘虽已成了许多人羡慕的百万富翁，可他心里却念念不忘少年时期那金榜题名、光宗耀祖的志向。加上封建社会商人地位低下，他虽是家财万贯，仍然免不了常受官府侵压。因为多年来学业荒疏，胡尚焘不可能应付科举考试，只得花钱捐了个布政司理问的官衔。这捐的官，如果吏部不授以实职，便只是个虚衔，虽然可以享受同等待遇，但那享受的开支得自己支付，且那些通过科举考试担任实职的官吏，根本不把你放在眼里。胡尚焘花大钱捐了这个五品官，因为没有什么靠山，始终未能授以实职，仍然是做他的生意，虽有花翎顶戴也只是接官、祭祖时才能用一用，平时只能闲置一边。为此他一直耿耿于怀，心想自己才智不比别人差，只是家境困苦才弃儒经商，如今有了钱，自己虽不能再读书做官，但子孙后代一定可以实现自己年轻时的志向，于是他把目光投向自己的独生子胡星阁身上。

欲高门第须为善，要好儿孙必读书

　　这胡星阁从小也是个聪明绝顶的孩子，只是家中有钱，饭来张口，衣来伸手，父亲终年只顾着做生意，管不住他的学业，加上身在繁华闹市，交结的多是一些纨绔子弟，以致学业平平，长到 24 岁，依然与科举无缘。胡尚焘是看在眼里急在心里，想到自己家境虽苦，却因为爱读书，而且长大后一直从未间断对知识的汲取，所以很快摆脱困境。而自己的孩子从小衣食无忧却不愿静下心来读书，日后即便是金山银山交到他手上，也怕是转瞬成空。想到自己故乡西递风水极好，读书、经商者个个成功，何不将儿子带回家乡埋头读书？这年冬天，他回到西递纠集工匠，动工兴建东园，一年后房子建成。他不顾妻子反对、亲朋好友劝阻，执意带着胡星阁回到故乡，住进东园，责令儿子在东园书房中闭门读书。为了管束儿子，他将所有生意交付给下人管理，自己也在东园住下，和儿子一道闭门苦读，相互研讨。对于东园书房的设计，胡尚焘可以说是煞费苦心，那狭小的空间没有对外窗户，靠着高高的"天井"采光、通风，真如同身处牢笼，人的欲望在这里将会最大地收敛。那只有10个足掌宽的厅堂，寓意着10年寒窗苦；那装饰厅堂两厢的冰梅图和五蝠图，寓意冰冻三尺，梅花香自苦寒来，只有历尽千辛万苦，才能求得幸福。

　　离开繁华都市，回到群山围绕的西递，胡星阁也曾和父亲闹过不少别扭，但他毕竟有点惧怕父亲的威严，加上看到父亲已人到中年，仍然为陪伴儿子而发愤苦读，确实让他很是感动。时间一长，他心也渐渐定了下来，思想自己以前走过的路，感到很是荒唐，这一感悟，使他能静下心来研读。10年后，胡星阁考中进士，实授山东鄄城县令，又过5年，升迁河南开封知府。胡氏宗族为其大开祠堂门，举办祭祖盛典。遗憾的是胡尚焘因终年劳累，英年早逝，未能目睹儿子光宗耀祖的排场。

徽

州

退一步海阔天空

——徽商精神陶冶的官宦

西递"大夫第"边上的阁楼下，有一拱形偏门，门洞上方嵌着一块石雕题额，上书"作退一步想"。

"大夫第"观景楼表演"绣楼抛彩选佳婿"

"大夫第"为曾任河南开封知府的胡文照所建。胡文照，又名胡星阁，相传为西递才子，29 岁时考中进士，官授山东鄄城县知县。鄄城离当年"扬州八怪"之一郑板桥当县令的范县很近。郑板桥关心百姓疾苦，为官清廉的政绩令胡文照非常佩服，胡文照到任后，将历任知县判的案卷全部打开一一仔细推敲，疑难之处，即微服私访，务必取得真凭实据。半年时间，他决断疑难案件 102 起，平反冤假错案 36 件，同时大力推广教化，兴办学校，一时间，鄄城县牢狱由人满为患变得空空荡荡。

胡文照才华横溢深得上司赏识，不久，升任河南开封知府。到任之初，胡文照了解到开封府吏治腐败，决心整顿吏治，不想此举一出，竟触动了当地一些官吏和豪门大族，他们联名状告胡文照沽名钓誉，打击别人抬高自己，河南巡抚着令胡文照立即停止整顿吏治。

刚直不阿的胡文照决心与那些腐败官员抗争到底，哪怕官司打到皇帝老子那里。这天夜里，胡文照在书房里给他在京城里任职的朋友写了封长信，列举河南开封府吏治腐败的种种事实，央求他们帮助在有关衙门疏通，以取得上司的支持。

"大夫第"开封知府胡文照的宅居

这封信确实关系着胡文照的命运，所以尽管他才高八斗，依然是写写停停，句句斟酌。知府衙门里当差的门房老头已经给胡文照添了三次茶水，见胡文照仍然是双眉紧皱，落笔踌躇，便轻轻问道："老爷莫非在为整顿吏治之事煞费苦心？"

胡文照闻言抬起头来望望门房没有作声，他调任开封知府时，家小仍在山东鄄城，所以知府衙内饮食起居多由门房照料。平日与门房相处，觉得此人谈吐儒雅，像是读过书的人，因此对他也很尊重，从不当佣人使唤，而是以先生尊称。

门房见胡文照不作声，便笑了笑说："老爷莫怪在下多言，老爷来自江南，上京赶考时肯定有过乘舟过江的经历，那船儿笔直过江，极易被风浪掀翻，故老艄公总是将船斜着往上划，过了江心，然后再斜着往下划，才能顺利到达对岸。"老门房一番话说得云山雾罩，胡文照半晌未能领悟其中含意，便问道："先生打这比喻是什么意思？"

大夫第中的百蝠图寓意百福齐臻

老门房略停片刻，深深叹了口气说："老爷只知道在下是门房，可知道在下也曾在广东惠州任过知府，与老爷一样，同是进士出身，只不过比老爷早了两榜。"老门房一言既出，令胡文照大吃一惊，心想难怪此人平日不卑不亢，举止大方，原来也曾是官场上人。胡文照赶忙起身，朝着老门房一拱手说道："难怪我一来就觉得先生非等闲之人，原来同是公门中人。"说着，便请老门房坐下说话。

老门房推辞一番后，便欣然入座，然而情绪却仍很低沉，似乎沉浸在一桩痛苦的往事之中。候老门房坐定后，胡文照一脸疑惑地问道："先生既然同是公门中人，因何流落开封作此差事？"

老门房叹了口气说道："不瞒老爷，在下当年考中进士时，也是少年得志，趾高气扬，自觉凭借自己的才气，定能造福黎民，报效君王。在任惠州知府时，一上任我也和老爷一样，平反冤狱，整顿吏治，不想得罪了一批权贵，这些人盘根错节，上有京城高官撑腰，下有地方豪绅呼应，结果，精心设计寻了我一个差错，将我革职发配新疆充军，后在朋友相助下，辗转回到内地，却有家不能回，只得在这知府衙门内当一门房，想想当初是何等雄心勃勃，而今却是报国无门！"

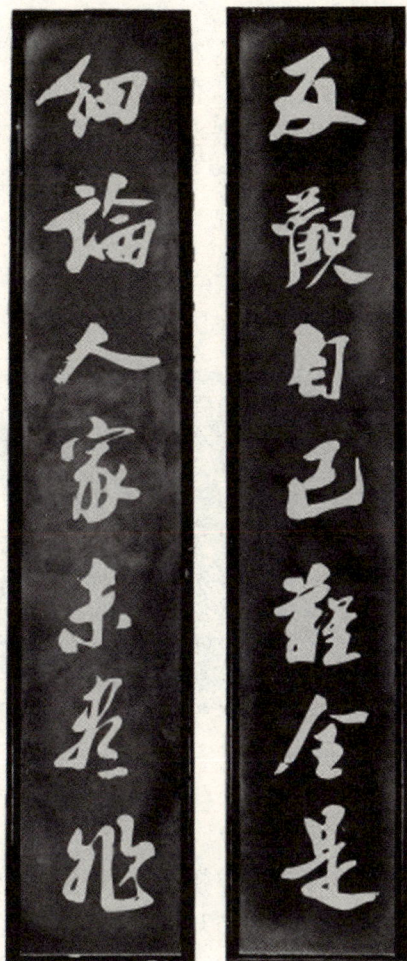

反观自己难全是，细论人家未尽非

　　老门房的遭遇使胡文照深表同情，想到自己现在的经历，似乎和其当年有几分相似，初出茅庐，思想纯洁，没有想到官场竟是这般黑暗复杂。想着想着，不觉也深深地叹了口气。

　　看到胡文照默不作声，老门房欠了欠身子继续说道："吏治腐败，由来已久，如同大厦将倾，老爷独木何以支之。老爷一心为民造福，报效君主，如果办事过于认真，且锋芒毕露，急于求成，触怒权贵，失去官职，则失去了为民办事的权力，日后想办也办不成了。俗话说忍片刻风平浪静，退一步海阔天空。依在下之见，老爷不妨'作退一步想'，在保住官职的前提下，多为百姓办些好事。当今世界，当清官固然不易，而保住一个清官则更是艰难。"

门房的一番话，令胡文照陷入久久沉思之中，想想老门房的遭遇，以及自己眼下处境的艰难，胡文照不得不认真思考一下老门房那"作退一步想"的劝告。与此同时，他想到父亲当年在生意做得风生水起时，突然退步抽身回到家乡陪伴儿子读书的情景，正是父亲果断地退一步，成就了儿子的学业。而父亲在生意场上诸多成功事例，也常常带有退一步的内涵，因为退一步视野更开阔，精神更淡定。

胡文照"作退一步想"的题额

打那以后，胡文照改变了先前整顿吏治、雷厉风行的作风，而采取的是一种循序渐进的做法。在其任内，开封吏治腐败现象有所收敛，百姓也因此安居乐业，然而，因为胡文照对上司不会逢迎拍马，对百姓不会仗势欺人，所以在封建社会官场，一直未能再提拔。

胡文照晚年辞官回乡后，认为"作退一步想"这句格言，对他的为人、为官都有一种启迪，故在兴建住宅"大夫第"时，特意让人将这一格言镌刻好嵌在阁楼门框之上，并有意将阁楼墙体向后缩了2尺，又将墙角下部做成平面状，展示他为人、为官的性格：对上有棱有角刚直不阿，对下无棱无角平易近人。

一个稳定的后方

——徽商的持家之道

"惇仁堂"建于清康熙末年，为西递村徽商泰斗胡贯三晚年居住的地方。

谆仁堂

胡贯三一生求利四方，在商海里搏击数十年，子孙后辈，为官者，仕途通达，经商者，日进斗金。晚年的胡贯三离开了一辈子搏击的商海，回到家乡西递颐养天年，总结一生为人、为商的经验，无非是敦厚、仁义四字，故将其居所的堂名起名为"惇仁堂"。

"惇仁堂"在徽派民居建筑中，有其独特的风格，它为五开间两厢二楼式结构，厅堂显得特别宽敞、明亮，厅堂前半部以卷拱为顶，后半部为平顶天花板，由于前半部的卷拱设计高出后半部的平顶天花，所以由天井射下的光线能一直照射到厅堂最深处。

徽派民居中，大多为三间屋，即一个厅堂，两个厢房，而"惇仁堂"为五开间，即一个厅堂四个厢房，左右各两间，从而使得厅堂正面显得特别宽敞，厢房为联珠式设计，则每侧的两个厢房是相通的，类似今日之套间，这在传统民居建筑中是很少见到的。

更为奇特的是，厅堂上的四间厢房，通常只能见到紧挨厅堂的两间，远离厅堂的两间厢房，藏在一隔间之内，隔间铺设雕花木门，隔间内另开一个1米见方的小天井，供厢房采光、换气，关上隔间门，两个厢房便各自有块属于自己的天地，打开隔间房，则一字排开一厅四房为一整体。

据说，胡贯三当初选用了这种建筑模式是专为他的两房夫人设计的。封建社会，女人的活动空间主要是房内，为了避免妻妾之间相互摩擦，让她们虽同处一个厅堂，却各有各的天地，倘有需要再打开隔间门，让人看到这是一个和睦相处的整体。

徽商之中许多人都曾有一妻一妾，他们常常居住在一起，生活在一个共有的空间，因此也常常会发生许多矛盾。传说一些大户人家，妻妾之间终年是吵得天昏地暗、鸡犬不宁，以至于后人感慨地总结道："没有心事开个店，没有冤家娶个小。"而胡贯三的五开间房屋设计，使妻妾之间相安无事，足见其聪明才智。古人倡导齐家治国，一家尚不能齐，安能治国？徽商纵横中国商界数百年，竞争对手众多，如何协调好方方面面的关系是门大学问，而在家中协调好妻妾之间的关系更不容易，所以古人才会有"清官难断家务事"的喟叹，胡贯三能协调好妻妾之间的关系，为自己商场拼搏解除了后顾之忧。

"惇仁堂"的匾额由清朝乾隆年间军机大臣、吏部尚书休宁溪口人汪由敦之子汪承霈所题写。汪由敦学问渊深，文辞雅正，在当时文坛上颇有名气，特别是其书法，清奇秀润，极有功力。乾隆皇帝曾下旨，将其书法作品镌刻在石碑上，这便是传世的《时晴斋帖》。汪承霈幼承家学，为清嘉庆年间著名书法家。至于西递胡氏的"惇仁堂"为什么要让汪承霈来题

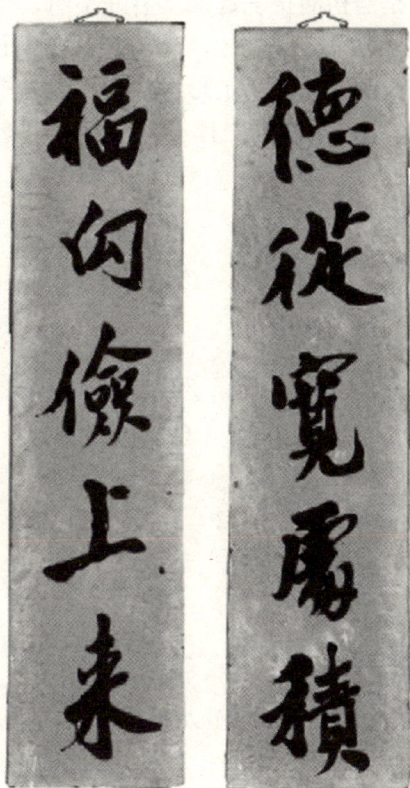

德从宽处积，福向俭上来

写，其间还有一段离奇生动的爱情传说。

　　相传汪由敦的母亲年轻时曾是西递胡氏四房的一个侍女，因年轻美貌、聪明伶俐被少爷所爱慕，碍于主仆名分，始终不敢公开，彼此的关系，直至女子怀孕，男子才鼓着勇气向父亲提出要娶侍女为妻的请求，不料遭到父亲的严词训斥，并当即将侍女赶出西递，男子后来郁闷而逝。而汪由敦的母亲流落到休宁溪口，被溪口汪公收为妾，不久生下一子，据说是早产，起名为汪由敦。母亲临终前将这段经历告诉汪由敦，明确告诉他乃西递胡氏的血脉，表现了一个女人对自己初恋情人的深厚情感。这使得汪由敦在功成名就后，不顾封建礼教的束缚，提出要来西递祭祖，其身上分明是流淌着当年那对封建礼教叛逆者的血液。

　　遗憾的是西递胡氏宗族中那些决策人物，受封建礼教的束缚，不敢承认汪由敦是胡氏血脉，寻个理由，婉言拒绝了汪由敦来西递祭祖的要求，然而，"汪祭胡祖"的典故，却一代一代地流传下来。

　　还有一种说法便是当初胡贯三起的堂名并不叫"惇仁堂"，"惇仁堂"的名字是汪由敦的儿子汪承霈所设计，"惇仁"两个字暗示了他父亲汪由敦的为人和与西递胡氏的关系，只是封建社会儿子是不能随便书写父亲名讳的，所以才将"敦"字改写成"惇"字。反正"敦"与"惇"读音、含义都是一致的。

徽商推崇的宗法制度与村落秩序

西递鼎盛时期，常住人口有近万人，这么大的一个村落，在没有任何基层政权设置的情况下，社会如何稳定，治安谁管，环境卫生谁过问？据现存的资料可以了解，西递当年，门户三千，而未闻有失窃之事，村中也无酗酒闹事之徒、赌博掷骰之事，以至邻近乡村的一些大的宗族，纷纷称赞西递胡氏民风淳朴，人心敦厚。

是什么原因促使西递能有如此良好的社会风气？走进"敬爱堂"，一切都会迎刃而解。

"敬爱堂"为西递胡氏宗祠，作为祭祀胡氏列祖列宗的场所，也作为宗族议事，族人举办婚嫁喜庆，训斥、惩罚不肖子孙的地方。

"敬爱堂"面积达1800平方米，其结构粗犷古朴，宏伟壮观，大门气势恢宏，门前飞檐翘角，似有凌空而去的动势，两侧黑黝黝的栅栏，使人顿生敬畏。

中门之内，为祭祀大厅，大厅分上下庭。开有数十平方米的大天井，左右分设东西两庑，配以高大的大理石方柱。

进入里门，为楼式建筑的享堂，供奉胡氏列祖列宗的神位，上悬匾额"百代蒸尝"。中国古代祭祀活动中，称"秋祭"为"尝"，"冬祭"为"蒸"，"百代蒸尝"意为世世代代都要认真祭祀祖宗。

胡氏宗族在西递这块土地上已经生活了900余年，经历了近百代人的繁衍，宗族中形成了众多的分支，而每一分支下，仍有众多的族众，所以，并不是所有人的祖宗都能进入祠堂，接受宗族中全体人员的祭祀，进入祠堂的祖宗，必须是生前享有功名，或教化有功，或躬身践行封建伦理道德有突出表现的人士。而这些人，基本上是读书做官者，或者从事儒学文化研究，著书立说，教育后人者。

但如果子孙已经读书当了官，取得了光宗耀祖的成效，则祖先的牌位可以堂而皇之进入宗祠，无可非议。如果祖先既达不到这个标准，子孙后代又不是当官的，要想让自己的祖宗神主进入宗祠，则必须交付一笔可观的费用。交费的标准因人而定：对于正在勤奋读书、准备博取功名的人要

"敬爱堂"上厅又称"享堂",是供奉祖先灵位的地方,古代称秋祭为
"蒸"冬祭为"尝","百代蒸尝"表明对祖先祭祀要一代一代传下去

价最低;对于那些"躬耕自给"从事农业劳动、手工劳作的人,价格其
次;而对于那些身份低微却又腰缠万贯的商人,收费最高。最低收费与最
高收费之间,相差近20倍。

"敬爱堂"仪门后是清朝军机大臣曹振镛为胡氏族谱作的序言

　　从这收费标准可以看出，在尊儒重教的徽州，读书做官，还是人们的第一追求，往往受到推崇和优待。最令人不解的是，徽州的文明，离不开商人的支持，但商人的地位却异乎寻常得低，一旦有个什么出头露脸的事，对商人的要求总是显得特别得苛刻。

　　祖宗牌位进入祠堂，依然要保持一个尊卑等级，祖宗生前的身份等级，进入"天堂"后会根据子孙当下的地位而改变。

　　祠堂即是祭祖的地方，春秋二祭之时，宗族中的子弟便会在此相聚。在西递胡氏宗族发展到近万名族众的情况下，同一宗族中的许多人平日是名不相闻、面不相识，而共同祭祖，分享宗族发放带着祖宗余泽的食品，则为族众提供一个相互认识、熟悉的场所和机会。

　　宗族在其发展过程中，同一宗族也会出现地位高低、贫富差距等矛盾，这种矛盾使得原先的血缘关系渐渐淡漠，而通过祭祖，使得大家在心理上缩短差距，认识到相互是同一祖宗的血脉延续，从而增强彼此之间的感情，无论贫与富，也无论官与民，面对共同的祖先的灵位，人们首先想到的是血缘关系，想到的是亲人间的彼此关怀，祠堂也就成了宗族团结、凝聚的纽带。

　　徽商极为重视每年的祭祖活动，而西递胡氏宗族祭祖活动最为宏大、

西递祭祖

形式最为生动的一次，当数清道光丙戌年（1826）胡氏修谱、祭谱活动。

当时，西递徽商胡贯三已成为江南六大巨富之一，其长子胡尚火曾任礼部尚书，官居二品；幼子胡元熙任杭州知府。胡氏宗族中无论是为官者，还是为商者，纷纷回到家乡，参加这一盛况空前的宗族大事，连胡贯三的大亲翁，时任军机大臣曹振镛的父亲曹文埴也从歙县赶来贺喜。

祭谱活动从九月初二开始，到九月十二结束，历时 11 天。当时村中临时搭建了 3 个戏台，延请 3 个徽班，其中一个便是鼎鼎有名的庆申班。3 个徽班每天上午开始，通宵达旦，观众最多时，一天可达 4 万人。

祠堂的又一功能是正俗教化，宣扬封建礼教和伦理道德，而这些通常是结合祭祀活动一道进行的。对于宗族中的贤德人士，主持宗族事务的族长要给予表彰，而对于违犯族规者，宗族有权进行惩治，而惩治的方法非常严厉，有吊、鞭打、挖眼睛，甚至活埋。惩治的地点之所以选在祠堂中，是想让受惩者感到，由于自己行为的不检点，致使祖宗蒙受羞辱，从而达到肉体和心灵上双重惩罚的效果。惩治的时间，大多由族中掌管事务的人们商定，惩治男族众时，女人可以回避，而年满 12 岁的儿童则必须到场接受直观教育，执行惩罚过程中那惨烈的用刑，会使孩子们幼小的心灵产生强烈的震撼。

而对于个别不服宗族惩治的族众，族长可以决定将其送官严惩。

于是笔者想到，历史上的西递，虽然没有政权设置，但宗法制度的严

明經胡氏族規

明經胡氏，乃年唐之胄，為華夏望族也。制族規，振一族之綱常，正人倫之大節。凡此，皆族人持身之要道，尤今時之所最恭者也。

「尊宗大事」——本族每逢大事，必於祠堂召集本族之丁公議，切不可早斷獨行。

父母乃生身之本，為子者內盡其心，外端其力，奉養無違，方稱肖子。如有忤逆其親，尤當戒以下凌上，倘有恃強恣意，侮慢不遵，宜加責懲。

長幼之節，規短當揭，次序宜重，賢淑之女，況族大丁多，而重親選甚眾，尊長者固不可以大壓小，幼者尤當戒之。

凡族選立族長，人祠責懲，務擇忠厚之家，大典秋祠，或尊卑混亂，大小不分，上候祖宗血食，下磨子孫孝思。

把祠公庭，歲祭十六歲丁，入祠公處重罰。傳集族戶房長，若有不肖之孫，或藉端分析，或侵公濟私，戒之。

凡族男，由族長及親領入祠行冠禮。入泮中試喜得捷報者，由族長或房長延請入祠行賀禮，吾族有志此者，無論貧富貴賤，均系一脈，情殷敦睦，索許各項。尤當世所嚴禁，無論獅之輕重，先罰本房房長，後入祠。

盜賊竊搶，強欲強奪，搖藤挖苗之類，俱茶森嚴，計偷問罪。行凶及游手好閒之徒，尤為可惡，母送一時之習，不顧同宗之義，遵前規，改。

賭博酗酒，逐出本族。族內口角，無論親疏，各宜遵守。吾族有子弟，為父兄者宜時加訓誡，後人祠。

典訟端，凡我族之人，各宜遵守。祠設有禁，雙罰有秩。族內人等，當知恪守遵辦。

本族規條謹嚴，實維系吾族利益之繁榮，族設專費，用于嘉惠，捐贈事項。祠設習一枝一，用於責罰違犯族規者。家教嚴而頹風革，族規森而禮義興，共相勖勉，于族有厚望焉。

胡氏族规似乎比一般乡规更有权威性

徽州
059

酷，对每个人的行为产生了强大的制约力。

　　"敬爱堂"中现存的古迹，最具特色的莫过于里门上方悬挂的那个1米见方的大"孝"字，孝字上部酷似一仰面作揖、尊老孝顺的后生，而那人面的后脑，却分明像一尖嘴猴头。胡氏后人介绍，其寓意是尊老孝顺者为人，忤逆不孝者为畜生。据说，这字是南宋著名学者朱熹所书。

　　至于朱熹当初援笔疾书时，是否有如此生动的创意，后人无法澄清。但有一点却是明白无误的，那就是中国历代统治者都力主以"孝"治天下，因为子女一旦孝顺父母，作为父母，绝大多数不会去教唆自己的后代走邪路，子女孝顺父母、父母呵爱子女，就能形成家庭的稳定；而作为社

胡氏宗祠中悬挂的这一"孝"字是一个形意合一的特形字，
其右边是一个仰面作揖单膝跪地尊老孝顺的后生，
而左边却是拳打脚踢的猴头，其寓意令人深思

　　会的细胞，一个家庭稳定了，无数个家庭稳定了，整个社会也就稳定了。
由此，我们又一次找到了西递昔日那种稳定有序的社会所需的基础。

盛世藏古玩

——徽商对文物的痴情

倘到西递，不去"履福堂"肯定是件憾事。多年来，到西递参观的人不少，凡对中国传统文化稍有了解、稍感兴趣者，都会点名要看"履福堂"。

西递"履福堂"前厅

"履福堂"的男女主人都非常好客，大有先祖之遗风，特别是男主人活着的时候，只要客人有兴趣，他会一遍一遍、不厌其烦地向你介绍他们先祖当年的辉煌，那自豪、激动之情，溢于言表的谈吐，为每个参观者展现了一幅幅生动的历史画面。你的思绪会被他带进久远的历史文化长廊。香港一博物馆馆长在听完男主人的介绍后，动情地说："我这次花钱回内地参观游览，别的不说，就看您这一家，花的钱也值得。"

　　当然，男主人介绍最多的还是250多年前居住在"履福堂"的西递巨富胡贯三的孙子胡积堂。胡积堂的祖辈有的是大官，有的是巨商，而他却既不想当官，也不想经商，依靠祖辈留下的丰厚遗产，充分享受着高雅文化带给他的乐趣。在《胡氏宗谱》上，胡积堂没能留下值得炫耀的记载。而在《中国美术家人名大辞典》上却记载他为"著名书画收藏家"，他所收藏的宋元至清代的书画，数以千计，故宫博物院至今还保存有他收藏的书画作品。

"履福堂"后厅的木制吊扇是古人纳凉的最好工具，
只是在边上拉扇的佣人常常一身臭汗

　　胡积堂的一生，绝大多数的时间是在家乡西递度过的。他建造了当时西递最具文化品位的建筑"笔啸轩"。

　　"笔啸轩"建在西递回坞，背靠山峰，如同一支挺立的毛笔，而它正面的朝山，三峰叠起，如同一天然笔架，"笔啸轩"便建在笔与笔架之间。

　　"笔啸轩"占地面积10余亩，依山建屋。建筑分上、中、下三个层次，两边建有回廊，回廊呈阶梯式，由下而上，阶梯称千级，可见其高。最上层的楼称之为"放眼楼"，楼上三面开窗，山川灵秀，花木扶疏，西递村鳞次栉比的屋宇，尽收眼底。

　　"放眼楼"有回廊环绕，回廊设有栏杆，东向题匾为"翠挹天都"，倚栏则远眺黄山天都、云门诸峰，秀蠹天际；西向题匾为"西溪图帧"，倚栏饱览西递村落美景；南向为"南山松海"；北向为"烟霞供养楼"。

　　沿回廊两侧分别建有园林和馆舍，园林有"自怡园""云林逸兴园"，馆舍则有"幽庭十笏""壶天""敲诗读画之居"等，这些匾额均为当时著名书法家题写。

　　胡积堂建造"笔啸轩"，是为宗族中子弟提供一个研讨学问的场所，类似于其他地方的书院。"笔啸轩"建成后，胡积堂便移居其中，每日或抚琴而鉴古，或饮酒而赋诗，与宗族中子弟的读书声相互和答，感到其乐无穷。

当官人和巨富大门上气势很大的门环，是很多人都想拍开

　　胡积堂后人感悟其先祖因何起名为"笔啸轩"时说道："吾子弟辈，群居讲读于其中，一朝振翮云霄为朝阳鸣凤，此笔之啸也。"其观念显然仍未脱离读书做官束缚。但他们也许没有深究，他们的先祖胡积堂为什么自己不愿去当官，而醉心于欣赏、珍藏艺术品，也许"笔啸轩"便是对读书做官、子承父业的传统观念的挑战，它体现了一种人生追求的多样性。

　　其实，徽州商人因从小受到家乡那浓郁传统文化氛围的熏陶，他们之中有相当一部分人在经商的过程中，常常表现出对文化的强烈依恋。这种依恋的有无，使商人有了雅俗之分，而在徽商鼎盛时期，这种雅俗之分常常取决于古玩之有无，所以，许多徽商不惜重金收购古玩，一时间四方做古玩生意的商人，纷纷来到徽州，而经商在外的徽州人，也四处寻访有价值的古玩。明代休宁巨商程锁便是其中一个典型的人物。

据明代戏曲家汪道昆介绍，程锁作为一名成功的商人，对文物的欣赏和鉴定很有造诣，凡金石古文、名家法帖、手摹指画，务得其真，书画作品自唐朝到元朝，工艺品则大自祭器，小到一般的玩物，无论价钱多贵，均设法收藏。

徽州商人把他们收藏的文物，大多带回了自己的家乡。他们以其对文物收藏的爱好和雄厚的经济实力，左右了当时的艺术品市场，也使徽州成为全国最有影响的文物收藏地之一。无怪乎后人评说："徽州文物，浩如烟海。"

这使笔者想起"履福堂"的男主人活着的时候曾谈起过，从前的西递，谁家都拿得出几件价值连城的古董，只是后来徽商衰落时，不少人家拿出去变卖了，而更多的则是在"文化大革命"中遭受了破坏。他曾见过一位寡居的老妇因为生活困难，没钱买柴，便将祖传的字画整箱整箱搬出来当柴烧，而那些字画，当时的价值确实抵不上木柴，而且收藏者还要冒着闯祸和给全家及子孙后代带来政治风险的危险。他还见到"文化大革命"时，一个徽商后人，把一个藏书楼上的古籍一担一担挑出去当垃圾焚烧。

这种惨不忍睹的破坏，一方面是政治因素，而另一方面便是这些徽商后人，因为受到文化、生活等局限，无法了解他们先祖留下的这些财富的真实价值，这又使笔者想起 20 世纪 80 年代发生在黟县的两则真实的故事。

一则说是县城一个小古董贩子，花了很低的价钱收来一本画册，因为花钱少，也不认为它有多大价值，随手便丢在自家房子一个角落里。一次，几位"梁上君子"去光顾他家，偷走了一些"文物"，这本画册小偷们翻了翻，又随手扔掉了，公安干警捡到这本画册与后来破案缴获的赃物，一同拿去给文物专家鉴定时，没想到小偷偷走的其他"文物"都不值钱，唯有这本画册是日本著名画家古村先生的真迹，而且是日本收藏家们不惜重金在东南亚寻找的名画，因为这套版画现今日本国内只残留有 8 幅，而我们却完整保存有 12 幅。望着 4 位文物专家郑重其事地签下了"国家二级文物"的鉴定词和各自的姓名，那位古董贩子简直哭笑不得，因为他压根就没把它当成文物。

还有一则故事，说是一位热心的年轻人，常去隔壁一位老寡妇家走动，帮助老太婆干些体力活。一天，年轻人又去老寡妇家，进门时，发现大门台阶有些松动，他想把台阶垫平，以免老太婆踩着不稳而摔跤，可当他把手伸到台阶下边，想把那些碎石掏出来重新垫一垫时，掏出来的却是一块沾着泥浆、类似砚台的石块。他问老寡妇，老人回答说："我也弄不

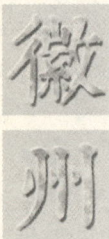

清是块什么石头，我看到那台阶不稳，就从房角落里找来这么一块石头垫一垫，你喜欢就拿去吧。"

年轻人把那石块拿回家，洗干净，不料那竟是一块状如蟾蜍、色若紫烟的端砚，那上面有36颗珠圆玉润的"青眼"，更为奇特的是，这些"青眼"分布在一条玉带般的银色纹理两侧，似星辰依附于银河，且前边的七个眼，有勺有柄，宛如北斗。年轻人得此珍奇，作为对老寡妇的纪念，终生珍藏。

西园中的石雕漏窗被誉为石雕中的绝品

之所以举出这些例子，无非是要印证当年徽商收藏的丰富。这些丰富的文物收藏在印证徽商财雄一方的同时，也印证了他们对文化的深厚情愫。

徽商对文化的钟情，不仅体现在对文物的收藏上，也体现在对文化事业发展的资助上。仅以徽州刻书业为例，明、清两朝徽州刻书成为全国刻书界最有影响的派别，徽州各地的刻坊如雨后春笋，所刻印的图书以校勘精湛、刊刻精良而著称，而经营或资助这些刻坊的人，既不是想通过刻书而谋利的商人，又不是想通过刻书使自己的著述留传后世的学者，他们大多是腰缠万贯、贾而好儒的大徽商。歙县籍徽商鲍廷博、汪启淑、鲍漱芳，祁门籍徽商马曰琯都曾斥资刻印传世之作。而在众多资助刻书的徽商大贾中，南屏李宗煝的作为颇为生动。

李宗煝幼年家贫，无力求学，后经商成功已是人到中年。他深知没有文化的苦处，极力鼓励和资助宗族中子弟读书求学，不仅捐资建私塾、修书院、资助求学的年轻人，而且斥巨资刻印了《新安志》《徐骑省集》《七家后汉书》《古文辞类纂》以及黟县籍大学问家俞正燮的著述《癸巳存稿》等数十种图书。

济困扶危，资助文化事业的发展，耗去了李宗煝大半家产。临终前，在如何对待钱财这个问题上，他教导儿子说："贤而多财则损志，愚而多财则益过，聚财不散是愚也，散财邀名是私也。"这种正确对待名利的完美境界，昭显了徽州商人的崇高情怀。

徽州商人对文化的重视以及在文物收藏方面所做出的贡献，极大地丰富和活跃了古徽州的文化氛围，仅以书画、篆刻界为例，新安画派中许多艺术家，就曾得到徽商的极大关心和支持。

新安画派的代表人物渐江大师崇拜元代画家倪云林，一直为不能见到倪云林的真迹而遗憾，所幸的是歙县商人吴不炎家收藏有大量历代名人书画，其中便有倪云林的真迹。渐江在吴不炎家静心研习了倪云林作品达数月之久，然后将自己以前的所有作品全部毁去，从此，艺术上产生一个新的飞跃。

而"黟山派"篆刻大师黄士陵就因年轻时在家乡见到过徽商大量收藏的钟鼎、钱币、诏版、碑额、秦砖汉瓦，遍览金石原器、书画珍品，而后将各派风格兼收并蓄，融会贯通，从而自成一体。其晚年回到家乡，仍然对家乡那些生动的石雕、木刻精品屏气敛神地临摹。

而其后在景德镇瓷画界享有盛名的黟县籍画家程门、王大凡、时幻影等，也大多曾受过徽商书画收藏品的熏陶和影响。

"笔啸轩"后来在太平天国义军与清军拉锯战中被大火焚烧殆尽，胡积堂收藏的许多精品也因此而灰飞烟灭。徽商呕心沥血形成的文化建筑与收藏的艺术珍品，随着一次次政治动乱、社会变革而不断衰减。

我们也清楚，这种衰减有时是人力所难以左右的规律，我们只是希望这种衰减的步子稍稍放慢一些，对于自己先祖的精神与文化结晶能多看上几眼。

徽州

善始善终的追求

西递"膺福堂"为三进三楼式结构的民居建筑,前厅为四合屋,天井居中,厅堂宽敞,大门之后,设有中门,古称"仪门",门槛高尺余,只有喜庆之日和贵宾光临时,仪门才会开启,平时一般客人只能从两侧边门进出。

膺福堂

"膺福堂"大门成八字形,两边照壁宽敞,大门之上的门罩不同于一般商人住宅,而是四柱五檐式,俗称"五凤楼"。

"膺福堂"最有特色的是门罩上那"龙头凤尾"砖雕,左侧看去是龙头吐水,右侧看去是凤曳长尾。据传,设计这种砖雕是寄托主人"善始善终"的期盼。

"膺福堂"的老主人胡尚曾官居二品,是西递村最大的官。封建社会伴君如伴狼虎,随时都有杀头灭族的灾难降临,所以胡尚曾为官是战战兢兢。为了达到善始善终的期盼,他广施钱财,帮助地方兴办学校,施粥施

世世代代都有人做官是整个宗族的希望

药施棺木于穷苦百姓，在家乡黟县乃至整个徽州享有较好的口碑。
正是这种君子之泽，使得胡尚曾后代绵绵瓜瓞。

享受桃花源里人家的悠闲生活是许多当官人和经商者的终极追求

而善始善终也是徽商的追求，不少徽商创业艰难，其后虽斩获成功，成为巨富，然而天有不测风云，转瞬倾覆，以致灭顶之事时有发生，大徽商胡雪岩便是一例。

徽商善始善终的期盼，也致使徽商在经营过程中，因过度求稳而陷于封闭保守，最终在新一轮市场竞争中错失良机，逐渐走向衰微。

守身如执玉，积德胜遗金

徽商眼中的 "效"

　　西递 "笃敬堂" 是 "履福堂" 老主人胡积堂的另一居所，胡积堂生前娶了三房妻妾，为了避免妻妾之间矛盾，构建了三所楼房，分别安置三房妻妾，使妻妾之间相安无事。

古村的楼房栉比鳞次

　　"笃敬堂" 厅堂正中悬挂着胡积堂及三位夫人的遗容，画像中胡积堂头戴蓝宝石花翎，身着补服，胸垂朝珠，分明是一位三品大员。胡积堂终生不愿为官，如此装束是何原因？原来胡积堂虽终生未为官，但后代却官运亨通，胡积堂死后他们上奏朝廷，列举胡积堂在乡间的种种善举，皇上降旨追谥胡积堂为三品通议大夫，赐花翎顶戴，故而胡积堂的遗容上俨然是一副官宦打扮。

　　令人不解的是遗容上三位夫人为何采用明朝装束。清朝初叶，朝廷对

古民居五岳朝天的马头墙

反清复明的势力镇压非常残酷，又为何允许遗容上的女人着明朝服装?

　　据说，是因为明朝兵部尚书洪承畴降清后，带领清兵入关，其母怒斥儿子不忠，身着明朝服装自尽，清太宗感其忠贞，特许汉人"男降女不降，生降死不降"，故汉族女人死时，可着明朝装束。

　　"笃敬堂"中最具特色的当数"读书好，营商好，效好便好；创业难，守成难，知难不难"的楹联。

徽州

读书好营商好效好便好，创业难守成难知难不难

徽州古人重视读书，认为读书好，但他们同样重视经商，认为经商也好。能在"万般皆下品，唯有读书高"的封建社会，果敢地将经商和读书摆在相等的社会地位，展示了徽商观念的解放。上联所强调的"效"字，有两种解释，一种解释是"效益"，讲求的是结果；另一种解释是"学习"，讲求的是过程，因为无论是读书，还是经商，都有一个目的与方法

正确与否的标准，确定了好的目标，掌握了好的方法，即便是暂时没有达到预期效果，也可以说是获得了某种意义上的成功。这种对"效"字的正确理解与追求，是徽商成功的心理基础。

绣楼深巷

徽
州

073

诚信与胸襟

——驻足"青云轩"

西递"青云轩"是座独具特色的古民居，精巧的小庭院，两厢是木雕栅栏的回廊，正厅为一满月形门，门框全部用"黟县青"大理石打磨而成。院子里栽种着一株年逾百岁的牡丹，花开时节，枝繁花茂，与满月形大门相对，寓意"花好月圆"。

"青云轩"里有一巨形海蚌化石，据有关专家判断，此化石形成于寒武纪年代，深埋地下当有五六亿年之久，海蚌外壳被地热化去，露出非常清晰的纹理，并推测此化石应有一对。

正如专家所推测，"青云轩"中的海蚌化石原本就有一对，另一半的去向，蕴藏着一段徽商相互扶持的佳话。

青云轩的花好月圆门

相传，"青云轩"的老主人胡春开早年在江西景德镇经营钱庄生意。有一年，因经营不善出现亏损，存户们闻讯，腊月二十四纷纷上门挤兑。

眼看钱庄陷入绝境，胡春开只得登门求助于同宗商人胡恒顺。胡恒顺在景德镇经营南北杂货，生意虽然红火，但到了年根，资金也是非常紧张。听了胡春开的恳求后，胡恒顺很快应允，考虑到此时借钱有一定风险，他毅然找来几位股东，提出从店里抽出自己的股本，帮助胡春开解燃眉之急。胡春开渡过难关后，将祖先收藏古董海蚌化石一分为二，送一半给胡恒顺，以示情谊。据说当年许多徽商正是靠着这种相互支持、患难与共，才顶住来自各方面的竞争压力，巩固了自己在商界的地位。

徽州商人这种相互提携、扶持的观念，一方面是商业竞争所促成，另一方面，是与他们从小在家乡接受良好的儒学教育所分不开的。

中国历史上不同时期产生的商帮很多，但笔者认为，最值得推崇的应该是徽商。徽商把儒学中的文化理念带进商业经营活动中，从而使他们的经营活动更趋理性化，也更丰富生动。

徽州商人在成功经营的同时，注意总结营商经验，他们把经商看成是一门学问，将自己和别人积累的经验写成专著，供后人学习。

《生意蒙训俚语十则》中写道："商贾之道，未有不学而能者也。"这本书将经商的经验总结成"勤谨、和谦、诚实、忍耐、通变、俭朴，知礼义，有主宰，重身惜命和不忘本"。

历史上没有哪个地方的商人会如此认真地对待他们所从事的事业，这类专著，也许是中国最早的市场营销学著作。

于是笔者想到，徽州人为什么会把经商学问称之为"生意经"，因为"经"是要朝暮晨昏诵念的，也就是说只有将经商学问烂熟于胸，你在商海里的拼搏才会得心应手，进退裕余。

当然，徽州商人的经商学问，其核心仍然是礼、义、仁、智、信。

西递商人胡荣命在吴城经商，他信奉以诚待人，以信接物，以义为利，临财而不苟取。亲戚朋友有难时，他慷慨解囊；贫困的人向他贷款，他也是有求必应；地方上兴办的公益事业他积极捐助。因此，他所经营的商号在吴城及周边地区名气很大，提起他的商号无人不敬。

胡荣命年近古稀时，想回家乡颐养天年，因子孙辈无人接替他的事业，只能忍痛摘下招牌，关门大吉。这时，吴城有人出高价想租用胡荣命的招牌继续经营，胡荣命不肯答应，那人通过胡荣命亲戚来做工作，那亲戚劝胡荣命说，这是无本生意，何乐不为？这招牌不用，也只是一个废物。胡荣命坦率地说："我也知道这招牌以后没有用处了，但来租用我这

徽州

075

十八字对联

招牌的人，如果是个诚实的商人，他日后通过努力自然会取信于大家，而他现在要借用我的店名，这本身就是不诚实的行为，我若把这招牌借给他用，最终会毁了我花了几十年心血建立起来的信誉。"

胡荣命拒租招牌，一时间成了徽商们传说的佳话，而一代代的徽商也用这一生动事例来教育自己的后辈，如想经商成功，没有别的捷径，唯有"诚信"二字方是根本。

说到诚信，还有一个生动的事例。黟县钟山商人金华英在外经商多年，颇有建树。有一年回乡过春节，隔壁一位老徽商悄悄来访，老人告诉金华英，自己在外经商多年，积攒有一大笔钱，带回家来，原想交给儿子让他作为资本继续经商，没想到儿子是个纨绔子弟，好逸恶劳，这钱一旦交到他手上，很快便会挥霍殆尽。他想把这笔钱托付给金华英，待他死后，每年从中取出一部分资助他儿子生活。了解老人的良苦用心后，金华英悄悄收下了老人带来的银票。

老人去世后，金华英以同乡和父辈朋友的名义，每年给老人的儿子汇来一笔款资助他生活，使得老人的儿子非常感激，逢人便说金华英是个大善人。

这年金华英得了重病，自知不久于人世，让人带信给老人的儿子，要他赶快来见上一面。老人的儿子赶到金华英经商的城市，金华英在病榻上语重心长地对他说："你父亲经商之时积攒了一些血汗钱，本想交付给你，可就怕你不懂事，胡乱花掉，后半辈生活无着，所以把钱放在我这儿，我每年寄给你的钱，其实都是你父亲的，现在我看样子不行了，就把你父亲存在我这里的钱和利息全部交给你，希望你能体谅你父亲的良苦用心，用好这笔钱。"

听了金华英的一番话，老人的儿子是号啕大哭，悔恨交加，回到家乡后，从此改邪归正。金华英不吞人财、不忘亡友遗愿的诚信，后来也成了徽商道德的楷模。

除了诚信，徽商还在其处世和待人接物上常常表现出一种仁厚的儒者之风。

歙县徽商唐祁的父亲早年经商时，曾向别人借过一笔款子，因为生计艰难始终没有归还，父亲去世后，唐祁经过自身努力，终于取得成功，先前将钱借给唐祁父亲的人登门要账，说明事隔多年，借据已遗失，唐祁二话没说，赶快把借款加上利息一齐还给对方，并连连道谢。谁知不久，另一人拿了张借据来找唐祁还款，唐祁一看，就是先前讨账的人说的那张遗失的借据，唐祁依然二话不说，收回借据，把钱还给对方，又一次连连道谢。

唐祁的下人为此感到不平，责怪主人太窝囊了，借一笔款子，还两笔钱，唐祁却从从容容地解释道："先前那人虽没借据，可我听父亲生前说过真的在他手上借过钱，我当然要把钱还给人家。而后面那人，我也明知他是来诈骗的，可那借据却是真的，官凭文书民凭约，我当然要把钱还给人家，当初在我父亲困难时，人家肯把钱借给他，我真感激不尽，现在我有钱了，多还一点又算得了什么？"

唐祁的两次还款，表现徽商受儒学文化的熏陶，养成宅心仁厚的高尚

徽

州

077

品格。

清云轩中的河蚌化石是主人收藏的文物

　　徽州商人不仅讲究诚信、仁义，在经商、处事的过程中，特别是处理一些常人难以解决的棘手问题时，常常显出一种高超的智慧，宏村商人汪定贵就有一个典型事例。

　　汪定贵在九江经商时，娶了一位年轻貌美的小妾，两人相当恩爱，汪定贵有次回乡扫墓祭祖，时间稍长了一些，小妾耐不住寂寞便和店里一位年轻的伙计做出了越轨之事，不巧让另一伙计发现。汪定贵回到九江时，那伙计赶快来告密，汪定贵听了是脸红一阵白一阵，而如何处理这件事，确让汪定贵费尽心机。他首先悄悄叫来那告密的小伙计，深表感激地对他说："难得你对我这片忠心，你在我这里一直打杂，店里伙计多，也不知何年何月才能熬出头，我现在给你三百两银子，你即刻离开九江，到外地去独自做点小买卖，日后也许还有发达的机会，记住，你走你的，不要和任何人打招呼。"

　　小伙计千恩万谢地走了，过了几天，汪定贵借故宴请店里的伙计，席间，他让人去找那个告密的小伙计，管事的说，已经有两三天没见他身影了，说不定是什么急事，临时回家乡去了。汪定贵严肃地指示管事的，像这样无故旷工的人，应立即除名。

随后，他对店里的伙计一个个点评，其中对那位与他小妾有瓜葛的伙计特别嘉奖，并当场委派他到另一商号去当管事的。

汪定贵不动声色地处理了这件令人头痛的事件，充分展示了自己的智慧。试想，如果汪定贵沉不住气，将事情捅开，惩罚了小妾和那小伙计，最为难堪的还是汪定贵自己，而且他会因家丑而影响自己在商界的形象和名誉。而如今，告密的小伙计得到了钱远走高飞，估计不会将此事抖楼出去，即便是抖楼出去，别人也不会相信，因为汪定贵已将他除名，外人反而会评说他是对主人不满而生出谣言。

而那个与小妾有瓜葛的伙计提拔重用，调往别的商号，断绝了与小妾接触的机会，外人也不会相信，他会因与老板娘有私情，反而受到老板重用。

汪定贵与小妾后来恩恩爱爱生活了好多年，那小妾为汪定贵养了两个儿子、一个女儿，个个成才。

徽商以其高尚的道德情操，诚信、智慧的经营理念及宽阔的胸襟，创造了其在商界300余年的鼎盛与辉煌。

驻足"青云轩"中，凝视那"花好月圆"的意境，想到当年徽商追求的目标依然如此生动，只是当初促使这种目标实现的理念与情怀，已逐渐为后人所淡漠。

徽

州

显赫的远祖

——徽商精神的支撑

西递"追慕堂"的大门上绘着两位身披盔甲、手持兵器、神态威武的门神。据说，这两位门神的造型是依据唐朝开国功臣秦叔宝、尉迟恭的形象绘制的。

追慕堂前厅

当年，唐太宗李世民未登基称帝时，为了争夺李唐王朝的继承权，发动了玄武门之变，诛杀了自己的哥哥和弟弟。

李世民登基后，由于长期操劳而患病，患病期间，李世民神志恍惚，老是看见自己的哥哥和弟弟带着一些鬼魂来找他索命，而每次都是因为有两位身披金色盔甲的天神到来将鬼魂驱走，为李世民解了围。

李世民的病情一天天加重，只得把诸位大臣叫来吩咐后事，可当秦叔宝、尉迟恭两位开国大将走近身边时，李世民眼睛突然一亮，他想起，梦里那两位帮助自己解围的天神和眼前这两位心腹大将是多么相像啊。

李世民把秦叔宝和尉迟恭叫近床前，将自己这些天来老做噩梦和天神相救的事说给他们听，最后，他说："今天见到二位爱卿，突然记起，梦中的两位天神和你们极为相像。"

秦叔宝和尉迟恭多年来一直追随李世民，披肝沥胆，患难与共，听到李世民说梦中的天神极像自己，立即表示两人每夜来到宫中，把守宫门，看看还有什么恶鬼敢来打扰万岁的清梦。从此，每当天黑，秦叔宝和尉迟恭便身披盔甲、手持兵器站立在宫门边。说来也怪，自打两位大将来到宫门站岗后，李世民天天晚上睡得非常香，连梦也不做一个，身体也渐渐得到恢复。

李世民病好后，不忍心让两位身经百战、功劳盖世的大将夜夜为自己把守宫门，就让画师把两位大将的形象绘制在宫门上，打那以后，秦叔宝、尉迟恭就被李唐王朝世世代代供奉为门神了。

西递胡氏虽是李唐王朝的后裔，但因为是躲避追杀、隐姓埋名来到西递，所以祠堂大门的门神始终不敢用秦叔宝和尉迟恭的形象，用的只是当时民间通用的门神"神荼"（读神舒）和"郁垒"（读郁律）。

奇怪的是，胡氏迁居西递后，经历了271年整整37代，均是一脉单传，既不发人，也不发财。

到了胡氏15世祖胡廷俊时，已是明朝永乐年间，这位先生对自己祖先数百年一直一脉单传的事百思不得其解，请来一位风水先生，帮助查找原因。这位风水先生在西递住了很长一段时间，前前后后把西递看了个透，然后告诉胡廷俊，西递村风水极佳，原本有帝王之气，无奈被人破了，但即便如此，后代仍然荣华富贵，衣食不愁，只是胡氏既然是李唐后裔，祠堂门神理应用秦叔宝和尉迟恭的画像，方可保住祠堂香火旺盛，否则既不发人，也不发财。

胡廷俊听了风水先生一番话，立刻请来画师，将门神换成了秦叔宝和尉迟恭的画像。

追慕堂大门的彩绘门神是唐朝的开国功臣秦叔宝、尉迟恭

说来也怪，门神换了以后，胡氏渐渐有了生机。首先是胡廷俊娶了3房妻子，生了9个儿子。打这以后，胡氏宗族的繁衍便成几何级数攀升，到了明末清初时期，胡氏发展成近万人的大宗族，且后人读书的平步青云，经商的也日进斗金，真是做什么都非常顺。

因为是门神给胡氏宗族带来了兴旺，所以，以前每年春节，胡氏宗族都要请画师制作一些小门神分送宗族各家张贴在大门上，以保一家来年安康发财。

至于西递胡氏是否真是李唐王朝的后裔，众说纷纭、莫衷一是，据相关专家研究，中国历史上许多宗族都希望自己源于某一历史上的贵人、名人，因此，便在历史上选定某一人物作为自己的始祖，始祖名气越大越好。因为有了如此显赫的始祖，自己的遗传基因肯定优于旁人。

胡氏宗族一直以自己"君父王嗣"的贵族血统而自豪

西递胡氏是否也是如此不得而知，但纵观徽商，大凡成功者都会有一个响当当的始祖，这个声名显赫的始祖便是他们的精神支撑。

在中国历史上极负盛名的唐太宗压根也不会想到
自己的子孙后代会流落到这偏远的皖南山区，
看得出站在一边的李靖和魏征为此也很郁闷

"三雕" 艺术与徽商文化修养

　　漫步西递古街，穿行于高墙深巷之中，走进那一间间建筑风格统一却又各具特色的古民居，你会发现，这些古民居除了房屋大小、宅基朝向等方面不尽相同外，最主要的便是作为房屋装饰的"三雕"作品的不同。

窗棂上的木雕繁复精美

　　徽州的砖雕、木雕、石雕，是一份极其珍贵的中华民族地域文化积淀。

　　形成这丰厚的文化积淀的因素很多，但主要有两条，一是徽商鼎盛时期，拥有大量资财的商人，受封建社会的政治制度制约，不能把已拥有的财富用于发展再生产上，只能将其用于个人和家庭消费上，而建造房屋则是他们的精神追求和最大消费。然而，封建社会中，即便是住宅建设的标准也是等级森严，富而不贵的徽商首先在住宅面积上受到了很大的约束，使得他们在房屋建造上，不得不形成"小而精"的追求，而如何才能达到小而精，在建筑风格基本趋于同一模式的情况下，他们只有在房屋构件的精雕细刻上下功夫，于是，砖雕、木雕、石雕应运而生。二是当时徽州文风日盛，文化艺术界人才辈出，特别是艺术繁荣多姿，明清两代，见诸文字记载的徽州画家就有867人，而新安画派、徽州版画、徽派金石篆刻的不断拓展，也为徽州三雕提供了文化品位与艺术质量的保证。

三雕艺术既有市场需求，又有培养技术人才的优越环境，所以很快便得到迅猛的发展。而三雕作品在民居建筑中使用的多与寡、精与否，往往是对主人财力的一种检验，而一些财雄一方的商人，从大门到里屋，大到门楼、门罩，小到一些玩物，常常是荟萃砖、木、石三雕为一体，整幢房子仿佛便是一个三雕艺术的精品。

徽州商人求利四方，走的地方多，见识广，对美的欣赏标准与追求也不尽相同，于是也就形成了三雕作品中的不同内容和不同表现形式，从而形成了徽州民居在建筑风格上整体统一的情况下，又各有各的特色。

纵观徽州三雕的内容，花鸟虫鱼、戏文人物居多，而戏文人物又多以《三国演义》居多，仙道故事其次，中国古典四大名著中的《水浒传》《红楼梦》《西游记》的内容很少被搬上画面。究其原因，黟县有一民谣说得非常清楚，说是："看《三国》，生谋略；看《红楼》，脂粉气；看《水浒》，生反骨；看了《西游记》，到老不成器。"

笔者不明白，为什么看了《西游记》，会到老不成器，但看《三国演义》，生谋略，却很清楚。徽商为什么能获得那么大的成功，其间肯定有从《三国演义》中获得的启示，要不然，为什么今天国内以及东南亚的许多成功的企业家，会将《三国演义》作为必修的教材来读？

当然，也有少数商人会在房内的木雕内容上，插上一些爱情的题材，展示主人的一些个性，但那确实需要有一些叛逆的胆量。

一、砖雕

徽州砖雕大多用在大门门楼和门罩的建造上。门楼为三间四柱式，通常有三层和五层两种，五层的称之为"五凤楼"，拥有"五凤楼"的房屋主人，大多是当官的，而且起码得官居三品以上；一般的商人，哪怕就是财雄一方的富商大贾，也只能在大门上建造门罩，当然，气势可能没有当官的宏大，但制作却有可能更精良一些。

门罩两头翘起，形似元宝，有人说，其寓意是招财进宝。因为这些房屋的主人，大多是徽州商人，设在大门上的这只"元宝"，从视角上极大

门罩上龙头凤尾砖雕

地满足了他们求财的心理。

也有人说，门罩的设计，是徽派建筑设计者匠心独运，如果没有门罩，色彩单一的平面墙体上，孤零零地开着一扇大门，该是多么单调，缺乏起码的美感。

据有关专家研究，门罩的设计起于东汉，最初的设计，是在大门上方挂上道士画的"符镇"，其作用是驱魔避邪。

随着时间的推移和人们审美情趣的提高，那悬在大门上的"符镇"，逐渐地让人感到过于单调，于是便设计出一些砖雕来替代"符镇"。

砖雕的内容，定为吉祥物，最初为"花、鸟、虫、鱼"。而对这些花鸟虫鱼的选择标准，则是它本身名称的谐音和人们赋予它的象征意义。比如，鱼——谐音为"余"，象征"吉庆有余"；蝙蝠——谐音"福"，象征美满幸福；扇子——谐音"善"，象征"积德行善"；鹿——谐音"禄"，象征"丰衣足食"；还有牡丹象征富贵，喜鹊象征吉庆，狮子象征威猛，云彩象征祥瑞。

然而随着社会的发展，人们逐渐淡忘了门罩最初的驱魔避邪功能，而趋于强调它作为大门装饰的美学功能，特别是在徽商的财富与日俱增的情况下，仅仅是那几种象征意义的花鸟虫鱼，让他们感到既重复又单调，中国的文学艺术宝库既然是那么丰富多彩，为什么不能从文学艺术作品中，选择一些生动的画面制成砖雕，镶嵌在门罩上？这样，每家每户门罩的砖

如意砖雕

雕，都会因不同的选择而各具特色。

于是，原先的吉祥物，换成脍炙人口的戏文人物和民间传说，一个个精雕细刻的人物、栩栩如生的画面出现在门罩上，吸引了过往的行人常常驻足欣赏，而房屋主人也因此而感到自豪与满足。

不幸的是，到了20世纪60年代，中国大地上发生了一场被后人称之为浩劫的"文化大革命"，这些雕在门罩上的人物，一律被称之为帝王将相、牛鬼蛇神，统统被处以砸烂狗头的极刑，只有那象征吉祥的花鸟虫鱼得以幸存。这种毁灭性的破坏究竟是因为政治原因，还是因为这些戏文人物早已背离了当初的"符镇"功能，无法抵御那些着了魔的人们近于疯狂的破坏，则留待后人去研究吧。

二、木雕

徽州古民居建筑中的木雕，多用在横梁、斗拱、雀替、楼层护板、窗扇、厢门等地方。

古民居的大门多为黑色，显出一种厚重感，但有些商人追求美感，会在大门之前配上两扇秀气的菱花门。菱花门上部为镂空的木雕，下部为平板形。菱花门的设计不仅美化了黑沉沉的大门，而且当客人来访时，便于主人在开门前对客人进行观察。

古民居中的木雕

进入厅堂，绝大多数人家的斗拱、雀替、窗扇均用木雕，雕的也多为花鸟虫鱼、戏文人物。

木雕荷叶酒

财力比较雄厚的人家，横梁、木柱、楼沿的栏板，甚至厢房窗下的护板全部使用木雕。传说有些大户人家房子里的木雕，是一些工匠几年乃至十几年的劳作和心血的结晶。

徽州民居厅堂两侧的卧室，一般都有朝着厅堂开设的木雕花窗，而进入卧室前，往往还有一"阁厢"，供主人进入卧室前更衣、换鞋。封建社会，男女有别，厅堂是男人们社交活动的场所，遇有外人登门，女人就得赶快避入"阁厢"，关上厢门。"阁厢"有大有小，小的"阁厢"只有两扇木雕花门，而大的"阁厢"，一字形排开五六扇木雕花门，空间也相对较大，避入"阁厢"的女人可以在里面看书、休息，还可以透过花门倾听、观察厅堂上男人们的谈话与活动。

花床部件精雕细刻，那敷在表面的黄金如今仍然辉煌

民居中木雕面积的大小、数量的多少、使用技法的高低、雕后的色彩处理以及木雕内容的雅俗，充分展示了房屋主人财力的雄弱、文化品位的高低。

财力雄厚者通常采用高浮雕、透雕、镂空雕，而且面积大，数量多，雕成以后，还要涂上色彩，刷上真金。宏村徽商汪定贵的"承志堂"建造时，据说仅木雕表层的饰金，便用去了黄金百两。而财力一般者，则多采用浅浮雕、平雕、线雕，而且往往保持本质本色。不涂色彩，更不饰金。当然，技法使用也不仅仅为财富所左右，有时是工匠根据实际情况而抉择。

徽州民居中的木雕作品，不光是使用在房屋建筑上，屋内家具、玩物，也有许多木雕精品，许多徽商大贾卧室中的"满顶床"，厅堂中八仙桌、八仙椅，不但用料考究，雕琢得也是极其精细、生动。

徽商卧室精美的花床

三、石雕

徽州石雕多使用于牌楼、牌坊、住宅与祠堂的基座，柱磉以及门罩、漏窗上。

徽州石雕艺术的发展，与徽州蕴藏有丰富的石材资源分不开。

仅以黟县为例，黟县境内蕴藏一种黑色大理石——黟县青，其蓄量约11亿吨，这些黑色大理石经过开采、加工，便成为很好的建筑材料。

黟县古祠堂中巨大的大理石方柱，雕成莲瓣形的硕大柱磉，古民居中光可鉴人的门框、额枋以及大门两旁的大理石照壁，无不体现出中国古代建筑中那种凝重、庄严的特色，让人产生一种深沉、悠远的历史感。

黟县境内，随处可见古代石雕艺术品，诸如石桌、石凳、石瓶、石镜、石鼓、石狮等，不过更多的却是古民居建筑上所使用的漏窗。

东园的圆形双夔龙石雕漏窗

　　漏窗是徽州古民居建筑中一种独具特色的建筑形式。原先的设计，是对高墙深院的古民居，起着一种调节光线、空气的作用，但后来人们逐渐发现，漏窗的设置，给色彩单一的高大墙体，平添了几分美感，使屋内屋外、院内院外形成一种闭而不绝、隔而不断的境界。徘徊于漏窗之下，物随步移，景随人迁。

　　正因为发现了漏窗有如此特色，所以后来的人们逐渐地淡化了它的实用功能，而充分强调它的美学价值，于是，将自己的精神寄托与追求，利用这种美的建筑形式加以体现，便被越来越多的人所接受和运用。而漏窗也就成了一种艺术品。

　　西递西园中的"松石竹梅"漏窗，合起来是一幅"四君子图"，表现的是主人那种超尘脱俗、高风亮节的品格；西递东园旁的"琴棋书画"漏窗，表现出主人的高雅情趣，而"落叶"漏窗，则是他盼望"叶落归根"的情感宣泄。

　　也正因为黟县有着丰富的石雕材料资源，为石雕艺术的发展提供了最基本的条件，所以黟县历史上涌现了一大批技艺精良的石雕艺术家，而其

"琴棋书画"的石雕漏窗体现西递古人的文化情趣

中最为突出的便是西递的余香。

余香为清代乾隆、嘉庆年间著名的石雕艺人，在岭南及东南亚一带颇负盛名，然而，就是这样一位海内外知名的石雕高手却是"墙内开花墙外香"，在自己的家乡却毫无名气可言，西递一带商人造房用的石雕艺人，都是从江浙一带请来的，这也叫"外来的和尚好念经"。

不过余香在西递村也有一位难得的知音，名叫胡文照。此人曾在河南开封任过知府，幼年时在家读私塾时，常见一位放牛娃，偷偷坐在私塾的窗下听老师讲课，时间长了，胡文照和放牛娃交上了朋友，知道他叫余香，家境贫寒，父亲是一位专凿墓碑的石匠，无力供儿子读书。余香生性好学，每天趁着放牛空暇，偷偷跑来听老师讲课，一年三百六十五天，风雨无阻，老师讲的课他全烂记于胸，令老师和那些有钱人家的子弟惊叹不已，只可怜他没有钱买笔墨纸砚，无法写就洋洋洒洒的八股文，更谈不上参加科举应试。稍大后余香便跟着父亲学起了石雕手艺。因为他天资聪颖，加上受过几年窗外偷学的文化熏陶，所以技艺与日俱进。几年后，胡文照他们那一批有钱人家的子弟，打点行囊，赴京赶考时，余香也背起了包袱，外出求艺。

寒来暑往，余香身怀石雕绝技，满心喜悦回到家乡，自以为可以在家

石雕漏窗

乡大显身手，不料在家乡却受到了难堪的冷遇。那些富商大贾认为，石雕高手，当属江浙一带，余香父亲只不过是一个乡间专凿墓碑的石匠，他的儿子还能有多大能耐？俗话说，龙生龙、凤生凤，老鼠生的儿子只会打打洞。所以，西递村的富商大贾带着在外地赚的钱财回乡建造豪华住宅时，往往都是从江浙一带请来石雕匠人，余香虽身怀绝技，可就是英雄无用武之地。

余香满怀抱负地回到家乡，然而家乡却无视他的价值，让他感到一种"报国无门"的沮丧。就在余香准备再次离家、远走他乡时，西递村出了一件大喜事，为余香一展身手显现了一线曙光。

这年，西递村大贾——江南六大巨富之一的胡贯三，为迎接他那身为军机大臣的亲家曹振镛光临西递，欲在西递建造一幢规模宏伟的"接官厅"，起名为"迪吉堂"。他特请江浙一带有名的石雕艺人来西递，意欲雕刻一批精美的石雕镶嵌在"迪吉堂"里。那时已任河南开封知府的胡文照正好在家休假，得知胡贯三花费重金在江浙延请石雕匠人，便直言不讳地责怪胡贯三舍近求远，并力荐余香承揽石雕工程。胡贯三打心眼里瞧不起在家乡默默无闻的余香，但碍于胡文照的面子，只好敷衍说："那就让余香明日与江浙来人比试一下手艺吧，只一天时间，看看谁的雕琢技艺高，活儿就由谁承揽。"

胡文照将他力荐余香和胡贯三提出比试的事和余香一说，聪明的余香一听便知是胡贯三有意推托，并无真用他之意。你想，石雕艺术品并无统一测试标准，即便是专家来评议，也会是仁者见仁、智者见智，更何况，余香与江浙艺人的比试，评判者只是一个对石雕艺术一窍不通的商人。余香当即表示自己无意参加比试，但经不住胡文照再三相劝，余香只得勉强答应。

比试当天，江浙石雕艺人公推他们的大师傅出马，那老师傅在石料堆放场上挑了一块三尺多高的石料，只见他斧凿齐下，三下五去二就劈出了个石狮模型，令在场众人一片喝彩。紧接着老师傅那锤凿雨点般地落在石料上，太阳落山时分，一座三尺多高的石狮便已雕成，那狮子威武无比，栩栩如生，更为有趣的是大狮怀中还有一只活泼的小狮，老师傅说："这大狮小狮也称之为太狮、少狮，寓意胡老爷的亲家为当朝的太师、少师。"此言一出，胡贯三是连连叫好。

这边，人们都围着江浙师傅赞不绝口，而受冷遇的余香却倒头睡在工棚里，根本没有动手的意思，直到太阳落山都没见他起身，胡贯三料定余香是不敢比试，怕在乡亲面前丢人，不过反正比试不比试只是一种形式，他内心早已确定由江浙匠人包揽全部石雕工程。

看到余香不死不活的样子，胡文照心里也没了底，他怀疑余香是不是真的不敢较量。每次催促余香赶快动手，余香总是似睡非睡地支支吾吾，看看天色已晚，胡文照只得叹口气回家歇息了。

不说胡文照心里疑惑，连江浙匠人心里也非常纳闷，说好了比试，这人怎么整天睡觉，莫不是想等夜深人静，偷偷地把从外地带回来的石雕精

品，稍稍加工算作自己的，明天拿去交差。他们越想越觉得就是这么回事，天黑后，全体江浙石匠便悄悄伏在余香睡觉的工棚边，看看他有什么举动。

石雕漏窗，漏窗不仅使室内空气流通，还可以为形色单一的外墙增添美感

大约到了三更时分，月亮爬上了西递东边的山顶，余香下了床，伸伸懒腰来到石料场上挑了两根两三尺长的石条，就着月光席地而坐，举起了斧凿。江浙匠人只听见叮叮当当敲击之声如同山间泉水跃下深潭，月光中，飞扬的石尘如同乳白色的云雾将余香团团环绕，只一炷香功夫，离开时，忽然发现西递四周的山上亮起了莹莹的绿光，赶忙告诉同伴，一位见多识广的老师傅说，那发着莹莹绿光的是虎豹豺狼的眼睛，此人雕的石箫，吹出音来能令虎豹停足聆听，必是星宿下凡，非人间匠人能比。众人一听吓得面面相觑，然而又不敢当即离去，怕打断余香吹奏的音乐，惹恼山上的虎豹赶来伤人，大家只得战战兢兢地继续伏在那里。这里余香一曲吹完，看看时近五更，天快要放亮，赶忙捡起另一根石条，又是一阵斧凿，很快一支石笛雕成，当东边天空上飘出第一片彩霞的时候，余香用石笛吹奏出一曲欢快的曲调，那旋律让人感到黑夜已尽、光明在即、对前途充满信心的愉悦。江浙匠人发现，西递四周的山上，百鸟翔集，婉转争鸣……

江浙石雕艺人自知不是余香对手，天亮以后，匆匆收拾行李不辞而别。中午时分有人将夜间见闻告诉胡贯三，胡贯三匆忙准备重金赶到余香家聘请余香，然而余香已带着一家老小远走他乡。石雕匠人通通离去，使得胡贯三的接官厅——"迪吉堂"落成之日，竟然没有一块像样的体现文化品位的石雕精品。

几年后，胡文照辞官回家，建造西园。一天，一位客商赶着一匹小毛驴来到西递，将雕有"松石竹梅"的石雕漏窗交与胡文照，说是故人所赠。胡文照一看，便知是余香的作品，想打听余香的下落，转眼间，客商和他的毛驴已不知去向。后来听说，余香在广东、福建大显身手，收了很多徒弟，在岭南和东南亚有很高的声誉，许多高官巨富不惜重金，求取余香的作品。然而，这么一位石雕天才，在自己的故乡——西递就只留下这一副石雕漏窗，让后人观赏的同时，生发出诸多感慨。

余香的出走虽是一个特例，但坦率地说，古徽州许多成功的男人，走出大山后便定居在他们原先寄居之地，特别是到了清末，稍有名气的商人和文化人，大多不再回到故乡，而回到家乡的则多是事业受挫、意志消沉者，后人评论说这叫"出生入死"：走出去的人，思想开放，在外继续拼搏，充分展示自己的聪明才智；而回到家乡的人，大多心灰意冷，不再有值得炫耀的作为。

西递，乃至整个徽州的衰落，恐怕都与这种英才外流有关。

时至今日，笔者甚至怀疑，江浙一带那些思想开放，思维超前、缜密且不辞辛劳的企业家，是否便是我们那些流落在外的徽商后裔，他们的身上带着徽商精英的基因，血脉里奔涌着徽商英才的智慧与情感。

徽
州

097

官商联姻

——徽商寻找政治靠山的手段

"迪吉堂"为清代道光年间西递村商人胡贯三为迎接儿女亲家当朝宰相曹振镛而专门建造的"接官厅"。

西递首富胡贯三为迎接亲家曹振镛建造的迪吉堂

起名"迪吉堂"，引自《书·大禹谟》中"惠迪吉，从逆凶"句，意为顺从道理者吉祥。

胡贯三为江南六大巨富之一，为显示自己经济地位与亲家的政治地位相匹配，不惜花费巨资建造这幢"接官厅"。

"迪吉堂"前厅不同于一般民居，大厅两侧没有设置厢房，纯粹是一种礼仪场所，而二进、三进则为客人歇息的厅堂，两侧均有卧室。

传说当年曹振镛来西递会亲时，一路鸣锣开道，徽州府所属各县官员均赴沿途迎接，徽州知府、歙县知县及黟县知县一直陪着宰相大人来到西递村。胡贯三在"走马楼"至"迪吉堂"这段路上铺上红毡，由族长通知胡氏族人家家张灯结彩。

曹振镛及随行官员在"迪吉堂"中聚会时，下厅的艺人开始演唱高亢

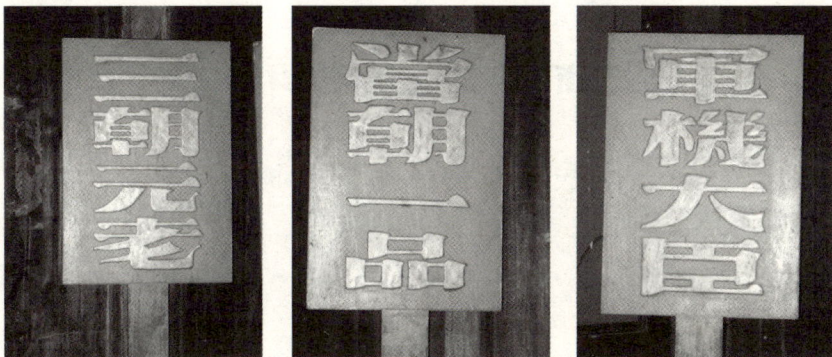

"迪吉堂"上如今还陈列着当年亲家光临的荣耀，
这段亲事也被誉为"政治与经济"最完美的联姻

的"徽剧"。

如今，人们从陈设在厅堂上那硕大的圆桌及两厢那昭示曹振镛爵位的官牌上，依然可以想象出当年那煊赫的场面。

纵观历史，徽商虽富甲天下，然而在政治上大多没有地位，他们迫不得已用"捐官"的手段，为自己寻得精神上的慰藉，用捐助公益事业的善举来换取朝廷和地方官员的嘉奖，而最为有效的恐怕便是这富与贵的联姻。

胡贯三这大富与大贵联姻的举措，不仅使自己在商界更加纵横捭阖，而且使子孙后代在读书做官的道路上也越走越远。

迪吉堂后厅，是那位显赫亲家下榻的总统套房

徽商的家庭教科书

——古民居中的题额、楹联与格言

一、题额

　　题额，是中国传统文化中的一朵奇葩。它是一种独具特色的文学作品，在中国各地名山大川、园林亭榭中，无处看不到题额这一生动的文学形式。它寥寥数字，画龙点睛般地道出了环境的特色及其丰富的内涵。它有诗情、有画意。《红楼梦》中，贾宝玉大观园试才题对额时，脱口而出的"沁芳""曲径通幽""有凤来仪""蓼汀花溆"，无一不给读者留下深刻的印象。

题额

　　西递古民居中的题额，大多题于庭院门洞上方，常常是在门洞上方的墙体上，凹进一块与门口宽度相仿的长方形或弧形位置，将题额直接书写在凹进的墙体上。也有的是将雕刻有题额文字的黑色大理石嵌进门洞上方的墙体，大理石的外形，大多为长方体。但也有雕琢成书卷、画轴形的。

古民居中的题额，内容丰富，除却一部分为通用的吉祥性题额，诸如"紫气东来""钟灵毓秀"之类，大部分均独具特色。它们或状景，或抒情。有通俗易懂的，令人一目了然；也有寓意深刻的，令人颇费周详。然而，无论是通俗，还是深刻，欣赏这些题额，细细揣摩，无疑能体味出一种深邃的美感。

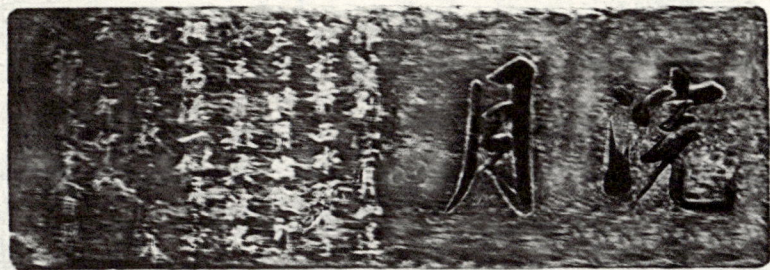

"仰高堂"里"浣月"的题额，点明了房子紧靠小溪

西递古民居中的题额，往往类似文章中的点题，常常采用先入为主的手法，在你见到真实环境之前，用几个生动活泼的文字，调动你的思维，使游人在各自心中，先将那即将见到的环境，塑造得尽善尽美。

西递"仰高堂"有一幅名为"浣月"的题额，因其门临小溪，每逢明月中天，水映月影，月沉水底，潺潺溪水从月上流过，仿佛将月亮愈洗愈洁，主人将其题为"浣月"真是恰到好处。而西递村另一庭院，因环境幽雅、静谧，主人将其题为"听月"，让你感到，每当夜沉沉、月溶溶，立于庭院中，便能听到高天之上，玉兔啮草、吴刚伐桂、嫦娥咏叹，此种意境，人间能有几多？

类似这类内容、形式的题额，随处可见。诸如"步蟾"，古人将"蟾"比为"月"，常用"蟾宫折桂"来比喻"状元及第"。题为"步蟾"，让你跨进庭院，先生出一种步入月宫的想象，感受到金榜题名的好兆头；还有"枕石小筑"，先给你推出一个小巧玲珑的宅居形象；"留香处"让你未进庭院，便已闻到幽幽清香。

题额的另一类内容，常常展示了主人高洁的情趣、超然的心境。西递古民居中有幅题额名为"亦园"的庭院，大概是因为庭院较小，而且又没有什么名贵花木，而在它的附近、周围却有许多大的庭院园林，它虽难以在规模上、质量上与它们相比，但在主人的眼中，它毕竟也是一个园林，所以起名为"亦园"。

枕石小筑题额

值得一提的是,"亦园"之中还一幅题额,名曰"得少佳趣"。它似乎是在向人们进一步诠释,"亦园"虽然小,而且简陋,但主人还是可以在这里得到一些乐趣。而后人的另一种解释是,人生得到的欢快与幸福少一点,才会感受到它所到来的乐趣,倘若得到了太多、太多,你反而会感到平淡,甚至腻味。题为"亦园""得少佳趣"表现出主人那种知足常乐的超然心理。还有"怡然""吟风""清心""半闲"等题额。"半闲"一词得自于唐句"因过竹院逢僧话,始得浮生半日闲",表现出主人那种自然、闲适的追求。

题额内容,还有一些以寓意深刻见长,表现出主人的志向和那种带着哲理性的思辨。它往往能起到一种投石击水,拨动观者的心弦,引发某种共鸣的效果。

例如,西递"大夫第"旁的题额"作退一步想"。主人胡文照仕途得意之时,在家乡建造此房时便嵌入这题额,人世间能在春风得意之时"作退一步想"的人并不多,而敢于将这种想法,开诚布公地披露于门楣之上者更属少见。而后来者,在这题额下往往驻足沉思,不同职业、不同年龄、不同阅历的人们,都可能在这题额中受到某种启迪。

同一幢房上,还有"留耕"两字题额。它取自于"心田存一点,留与子孙耕"的劝善联文，告诫人们存心良善，以贻福子孙后代。而"笔啸轩""读画敲诗"等题额，则体现了那种企望笔下生花、作龙吟虎啸的志向和一丝不苟、认真钻研学问的精神。

题额

还有关麓村的"问渠书屋"，将"问渠哪得清如许，为有源头活水来"的寓意，用于族中子弟读书学习之处，体现了主人告诫后人知识需不断学习补充的良苦用心。

充分展示中国古代书法艺术，是黟县古民居中题额的另一特色。不少题额是邀请当时著名的书法家题写。关麓村的题额"吾爱吾庐"，为清代著名书法家赵之谦手书；宏村"南湖书院"为清代书法家梁同书所书；西递"笔啸轩"中的"云林逸兴"为清初新安画派代表人物查士标所题。这些名家的书法艺术，无疑给古民居中的题额增添了不少光彩，使许多题额能集文学、书法、工艺于一体，无论是内涵还是外延，都更趋完美，更富魅力。

二、楹联

楹联，是中国传统文化中另一朵奇葩。它以简洁的文字语言、深邃的思想内容和生动的艺术手法，吸引了众多的观赏者，给人以启示、教育。

在普通的民居厅堂中，悬挂大量古楹联，是西递古民居又一特色。这

些古楹联形成强烈的传统文化氛围，让每位观赏者仿佛置身于久远的中国
历史文化长廊。

西递古民居中的楹联虽然浩繁，但大体上可归纳为三大类：一类为格
言联，一类为言志联，一类为状景联。

格言联是把中国传统礼教和大量训诫，利用楹联这种形式，灌输于人们
的头脑，并使他们一代代传播下去；言志联是文人墨客闲情逸致的一种表
述；而状景联则是用文字揭示方式来启发和诱导人们对环境的理解和联想。

头上有天须自畏，眼前无事更须防

从数量上看，黟县古民居中的楹联、格言联的比重较大。这是因为，无论是读书做官的官僚，还是弃儒经商的商人，都想把他们在人生道路上拼搏所得出的经验告诉后人，盼望后人按照他们指引的"捷径"，或者说是"正确的道路"走下去，继承并发展他们的事业。而将他们创业时酸、甜、苦、辣的经验、体会，浓缩成极其简洁的文字，写在楹联上，悬挂于厅堂之中，让子孙后辈能朝夕与其相见，无疑胜于终日喋喋不休的教诲。同时，这种展示中国书法艺术的楹联，又能为居室环境增添几分雅气。这大概便是西递古民居中为什么有那么多格言楹联的主要原因。

几百年人家无非积善，第一等好事只是读书

　　格言联虽以伦理观念、处世哲学为主要内容，但由于各家创业者所走的路不同，经历感觉有别，有人侧重于表述儒学礼教，积德行善；有人强调的是人情练达，勤苦创业。欣赏、比较这些楹联，既是一种享受，又能受到某种启迪。

高怀见物理，和气得天真

　　西递"履福堂"有副楹联："几百年人家无非积善，第一等好事只是读书。"可以看得出，这副楹联是"履福堂"的哪位推崇儒学的知识分子主人所写。西递村的兴盛，是建立在商人成功经营的基础上，按理说，这副楹联应写为"第一等好事只是经商",而这里却偏偏写成"只是读书",使人感到文人常有的那种自命清高,视万般皆下品、唯有读书高的感情色彩。

而在相邻的关麓村某一徽商古民居中,有一楹联从内容看,是说世间第一等好事应是经商。联文为"裕厥嘉猷,梯山航海;隆其继述,启后承先"。这里的"厥"为文言文虚词,作"其"字解,"猷"为谋略计划;"梯山航海"形容翻山越海,经历险远,古人常用来比喻经商的艰难。这副楹联的意思:想要富裕,最好的谋略,就是不辞辛劳外出经商,而要世代兴盛,就要继承先辈遗言,承先启后。

很显然,这副楹联把经商摆在首要位置,因为那是谋生的手段。当然,不能否认,读书也是谋生手段。封建社会中,读书做官是大多数读书人的奋斗目标,遗憾的是,能通过这道"独木桥"的人微乎其微,更多的人被挤落水中,穷困潦倒。

明朝中叶,黟县传统上的"重儒轻商"观念开始动摇,一部分人经商成功、衣锦还乡、光宗耀祖的现实,使更多的人觉悟到不能在读书做官这一棵树上吊死,于是,便有相当一部分人走上弃儒经商之路,把经商作为第一谋生手段,作为世间第一等好事。因为封建社会允许卖官鬻爵,经商发了财,照样可以买个官来当当。

那么,究竟是读书好,还是营商好,究竟谁应当摆在第一位?于是,聪明的黟县古人提出了一种极为明智的观点,这种观点以一种较为客观的科学态度,评述了读书与经商究竟谁好。

西递"笃敬堂"中有副楹联是这样写的:"读书好,营商好,效好便好;创业难,守成难,知难不难。"在这里,楹联的作者强调的是"效益",而把取得效益的手段降在次要位置。无论是读书还是经商,只要取得了效益就是好的,这里专以成败论英雄。你读书没有当上官,没做出学问,说明读书对于你来说,不是第一等好事;同样,你经商没赚到钱,说明经商对于你来说,也并非第一等好事。至于有人把"效"字解释为"学"字,认为是学习好的,你便是能成为好的,这就另当别论了。

类似这样的楹联,还能举出一些,正是仁者见仁,智者见智。楹联的主人,不强求别人家遵循自己的训导,只是要求自己的子孙这样去做。

西递古民居中的楹联,从书法艺术价值来看,可以说是一笔保存完好的艺术财富;而从思想内容来看,站在历史的角度,也具有一定的积极意义。它以朴素而精辟的哲理,鼓励人们积极向上,诱导人们遵循它,自觉进行自我道德完善,从而形成西递历史传统上淳朴的民风,造就了一大批

徽
州

107

吃苦耐劳、积极进取的商人和文化人。

三、格言

　　西递古民居中的格言小品，一般书写在纸上，嵌在过厢的木雕门上。格言小品，并非取自什么名家名言，它是房屋主人及村中饱学的文人雅士，以洗练的语言，写下对人生的体味与理解。它之所以镶嵌于内庭两侧厢房的门上，无非以此时时警示自己及家人后代。

格言

　　黟县人自古非常重视家庭教育，而家庭教育的内容、形式则非常广泛。诸如，家庭中的长辈以自己的创业经历、成功与失败的经验，现身说

法，启示后人；或延请有学问的老师，上门教育自己的子女；而在厅堂上
悬挂楹联、镶嵌格言，也是这种家庭教育中一种生动的形式。

这些楹联与格言，俨然是一部文字简练的"家庭教科书"，由于悬挂、
镶嵌在显眼之处，促使家庭成员日日必诵、时时亲近，从而产生较深的印
象，并对他们未来的行为，产生一种强大的道德约束力。

事实证明，这种严格的家庭教育，对家庭中的每一个成员，特别是年
轻一代，有着很大的影响力。那时候，从黟县这块土地上走出去的读书
人，给人的印象是积极上进；从这土地上走出去的生意人，给人的印象是
勤谨、诚信。不光成人如此，即使是从黟县这块土地上走出去的少年，给
人的印象也是规矩、诚实。那时，十二三岁的少年外出学习经商，常常要
经受老板反复考验，在考验过程中，老板有时会在学徒活动的地方，有意
识地放上几个钱，仿佛是谁无意中失落，然后躲在暗处，观察学徒捡到钱
后的情绪变化和处置方法，考验他们的品德，以决定他们未来的工作安
排。其间，有不少学徒，因思想单纯而处置不当，从此不被老板重用，甚
至被解雇。而黟县孩子，大多都能顺利通过这种考验，这与他们从小接受
严格的家庭教育不无关系。

想做清官，就不能同流合污，"笑傲"是一种道德情操的坚守

黟县古人那种严格的家庭教育，一方面造就了一批又一批严于责己、
宽以待人的清官廉吏和诚实而恪守信用的商人，但另一方面，这块土地上
走出去的人们，也形成了强烈的心理束缚。黟县人常常是明哲保身，谨慎
有余，大胆不足，虽思进取，却怕担风险。这种心理束缚一代代传承下
来，演变成这块土地上生存者的习性，这也许便是楹联、格言这类"家庭

教科书"的负面影响。

院子里有多余的地就让家人种菜，为了显示文化人的品位，菜园起名叫"种春圃"

徽州女人的歌哭

——成功背后的忧伤

儿时在乡间，常喜欢听女人哭。不为别的，只为哭者尽管泪流满面，但那边哭边诉的韵味，却像是唱歌一般，时而高昂，时而低回，很是好听。而且常常发现，这种歌哭，对乡间的女人有着一种"磁性"，只要有一个女人在哭，很快就会引来一些婆婆妈妈、婶婶嫂嫂之类的女人，她们先是起劲地劝说哭者，说些让她不要过分悲伤、自我珍重之类的话语。可说来也怪，那歌哭的声音，有时简直就像流感一样，只一会儿，就戏剧化地把那特有的悲怆气氛弥漫开来。于是，那些赶来劝说的人们，劝着、劝着，自己也不知不觉"卟嗒、卟嗒"掉起眼泪来了。有时，不知犯了哪门子邪，劝说者竟也一屁股坐下来，陪着被劝者一齐歌哭起来，她们各哭各的调，各哭各的词，于是，便又有了一种不太协调的二重唱、三重唱一般的歌哭韵味。笔者曾问大人们，她们家出了什么事情了吗？回答是否定的。笔者又问，那她们为什么会哭得那么伤心？大人们告诉笔者，她们心里苦得很，哭出来，就不会憋出病来。

可她们为什么心里苦得很，大人们却不肯说。长大以后，我才知道，那些经常遇到一点不顺心的事儿，便坐下来歌哭一场的女人，多半是独守空房的寡妇。她们的男人外出经商，有的一去不复返，丢下她们孑然一身，度日如年；有的是丈夫外出谋生，终年劳累，不幸英年早逝，丢下孤儿寡母，生计维艰。

徽州历史上文风较盛，一般大户人家的女孩未出嫁时，总得跟着私塾先生，读上几年书。出嫁以后，丈夫外出经商，按时给家里捎来生活费，使她们吃穿不愁，只需料理料理家务就行了。空余时间，她们常常看看书、打打牌、听听曲子，遇上婆家财力雄厚，有使唤佣人，她们便连家务事也不需干，看书、听曲子的时间也就更多了，这便是徽州旧时妇女普遍文学修养较好的原因。至今，在一些聚族而居的大村落中，仍能看到一些裹着三寸金莲、梳着髻鬟的女人，端坐在椅子上，看着线装书。较好的文学修养，丰富了徽州女人的精神世界；同时，也促使她们一旦遇到不幸时，便能把心中的痛苦、哀怨，编成词儿，合着那古诗词、古乐曲的韵

"履福堂"的女主人，闲时还要将祖上留下来的线装书翻出来看看

脚，抑扬顿挫地歌哭起来。

旧时徽州妇女，大都有这种歌哭的才能。她们一边哭泣，一边编着词

儿诉说自己悲惨的命运。歌哭既有韵律，又有节奏，真可称为一种灰色的人生咏叹调。

歌哭的词儿，虽然是各人按照自己不同经历、不同痛苦即兴编出来的，但是，徽州历史上，十家之中，有七八家男人在外经商，这就使得许多妇女的经历与痛苦有了共同之处，因此也就产生了一种相对认同的固定歌哭词。这些歌哭词，较为广泛地体现了这些留守家乡的商人妻妾的痛苦经历和心理。

不知当年独守空房的徽州女人，是否也是这样斜倚栏杆地守候

古徽州有句俗语，叫"前世不修，生在徽州；十三四岁，往外一丢"。它点明了当时徽州的习俗，孩子到十三四岁，便会送到外地去当学徒，学习经商。这些孩子出师成人后，回到家乡，凭父母之命、媒妁之言，匆匆娶了妻子，然后又匆匆返回店里继续经营。有的新婚夫妇成婚几天后，夫妻便不得不恋恋不舍地分离。

一首流传广泛的歌哭词《送郎》，形象地哭出了一对新婚夫妻恋恋不舍的分别之情。

歌词是：

> 送郎送到枕头边，
> 拍拍枕头叫我郎哥睡会添。
> 今日枕头两边热，

> 明天枕头热半边来凉半边。
> 送郎送到窗槛前，
> 推开窗槛看青天。
> 但愿青天落大雨，
> 留我郎哥再住一日添。
> 送郎送到墙角头，
> 抬头望见一树好石榴。
> 有心摘个给郎哥尝，
> 又怕郎哥尝了一去不回头。
> 送郎送到庭院前，
> 望见庭前牡丹花。
> 郎哥啊，
> 寻花问柳要短命死，
> 黄泉路上我也要与你结冤家。

　　然而，这种缠绵悱恻的送郎词，并不能将心爱的郎哥挽住，为了生存，她们不得不狠心暂时扯断儿女情长的绳索，恋恋分离。遗憾的是，这种分离的时间，常常因为生意场上的竞争和商人节省开支，以便将来能在家乡建造精美豪华的住宅以光宗耀祖，而变得非常漫长。留在家中年轻的妻子，日思夜盼，希望丈夫早日回来团聚。白天的日子容易打发，而每到黄昏，便有一种"独自愁"的滋味。她们夜夜守在空房里，对着孤灯，盼望着灯芯能结出双花，预报丈夫归来的喜讯。然而，常常是即便头天夜里灯芯结了双花，第二天夜里，她们照旧是"对孤灯，暗数更筹，明月空照古绣楼"。有一首歌哭词，把她们那种焦躁的等盼形象地表现了出来。

　　歌词是：

> 斜倚门框手叉腰，
> 望郎不回心里焦；
> 望年望月望成双，
> 单望那床几驮妹，妹驮郎。

　　这首歌哭词的最后一句，大胆而露骨地诉出一位久盼夫妻团聚的女性的生理渴求。有修养的徽州女人，大多是比较含蓄的，但是她们承受不住青春期那种长时间的生理折磨。

　　外出经商的男人们，处在她们那种心态下，也许会偷偷走进妓院，而她们却只能用青春的烈焰，去点燃那如萤的孤灯。无怪乎她们会终于压抑不住地哭出那平日难以启齿的生理渴求。

可是，渴望与现实往往总是很难走到一起。经历了一天又一天、一年又一年的失望后，她们开始对自己的优裕生活产生了怀疑，转而羡慕那些把希望之根植于土地上的小户人家，羡慕他们那种男耕女织、日出同作、日落同卧的和谐的夫妻生活，从而产生了中国唐代诗人白居易在《琵琶行》中描写的那位守着空船的商妇"早知潮有信，嫁与弄潮儿"的心理。

一首《宁愿嫁给种田郎》的歌哭词，细腻地表现了她们这种心理。

歌词是：

> 悔呀悔！
> 悔不该嫁给出门郎，
> 三年两头守空房。
> 图什么高楼房，
> 贪什么大厅堂，
> 夜夜孤身睡空床。
> 早知今日千般苦，
> 宁愿嫁给种田郎，
> 日在田里忙耕作，
> 夜伴郎哥上花床。

115

后悔不能改变既成的现实，这些女人只有月复一月、年复一年地等待而等待，毕竟意味着希望还存在。在一大群等待的女人中，有人终于等来经商成功、满载而归的丈夫；而有人盼回的却是丈夫心灰意懒、两手空空的归来；甚至盼回的是一封病亡的噩耗……

一首哭夫早逝的歌哭词，道出了一位妙龄少妇惊闻丈夫早逝时的痛苦情景。

歌词是：

> 生是十都宏村女，
> 嫁到六都西递村；
> 夫君二十零八岁，
> 奴家二十带六春；
> 正是弹琴弦却断，
> 日月明映被云遮；
> 天上降下无情剑，
> 斩断夫妻恩爱情。

大门上的锁，仿佛是独守空房的女人那紧闭的心窗

从此，那些失去丈夫的少妇，便开始漫长的寡妇生活。在森严的封建专制下，她们不可能改嫁，甚至和别的男人多说了句话，也会招来难堪的非议。她们心中的愤怨无处倾诉，只有待到清明节上坟扫墓时，或七月十

五中元节祭祖时，才可能在丈夫的坟头上、灵牌边，哀哀地哭诉。

一首《小寡妇上坟》的歌哭词，诉说的就是这种青春妙龄的寡妇的苦难。

歌词是：

> 日如年，
> 夜如年，
> 披上个麻袋更可怜！
> 低头化纸钱，纸灰化着花蝴蝶，
> 泪血染成红杜鹃。

寡妇的生活是辛酸的，那悠悠岁月会变成一把齿牙脱落的钝锯，在人心头一下、一下慢慢地拉过。笔者的堂伯母，一位年轻守寡的女人，曾向笔者谈起过，她有一位女伴，人长得好漂亮，只可惜红颜薄命，结婚一个月丈夫便病死了。她上无公婆，下无叔伯，只剩下孤身一人。好在丈夫家底殷实，开设在外埠的商号，按时给她捎来生活费。为了避免是非，每天太阳一落山，她便将深宅大院里里外外的门全部锁死，独自一人坐在房里。漫漫长夜，对于这位年轻的寡妇是多么难熬，为了使自己摆脱那种精神、生理上的折磨，她想出了一个法子，解开了一吊铜钱，撒在地上，然后，吹灭油灯，趴在地上将钱一个一个摸着穿好，等100个铜钱全摸着后，人也早已累得腰酸腿软，而天也快亮了。于是，她爬上床，很快就睡着了。就这样，她摸了一夜又一夜，摸了一年又一年。她只活30岁就死了。在整理她的遗物时，笔者的堂伯母看到那铜钱两边的字，全都摸平了……

于是，笔者终于领悟了，那些女人为什么会一遇到不顺心的事，就悲悲切切地歌哭起来，她们心里真是苦得很啊！歌哭，是她们控诉人世不平的共同手段，否则，无声将比有声更为悲烈。

如今，当人们来西递参观古民居时，常为这些当年商人们留下的杰作赞叹不已。殊不知，为了建成这一幢幢高楼，多少女人默默地作出了惨重的牺牲，而这高墙深院的阴影里，多少女人失去了人生最美好的生活。

徽州女人会哭，而且哭得颇有艺术。这固然因为她们有着一定的文化修养，更因为她们受的痛苦深重，那哭词来自悲凉的内心世界。

说句令人见笑的话，就是今日，每当血色黄昏、暮云暗合之时，我走进那高墙深巷之中，隐隐约约还能听到，在那深巷尽头，有女人的歌哭之声。那歌哭悲悲切切，让人感到透心的凄凉。

后　　记

　　多年来，介绍西递的文章，连篇累牍，此番，若非朱移山先生勉励，并为我选定"徽商精神文化研究"作为切入口，我是断然不敢再这样较为系统地写西递了。

　　也正是由于找准了切入口，我避免了重复以往那些从建筑美学上去图解西递的套路，转而从人文角度去挖掘、诠释西递与徽商精神文化的联系。于是，当我再次走入西递，穿行在那高墙深巷之中时，眼中看到的便不仅是那充满历史沧桑感的古建筑，一群有着睿智的思想、丰富的情感，历经成功的喜悦、失败的无奈，年复一年、日复一日，勤勤恳恳、前赴后继的西递古人，鲜活地走进了我的视野。我的执笔过程，也是感悟他们拼搏进取的行为方式、自我完善的道德追求的过程。

　　这种过程，让我原先对西递古人漫不经心的浅表性的一瞥，变成一种深情的瞩目。我开始为西递古人那种矢志不渝的精诚感到震撼，为他们那些大气磅礴的作为、复杂而难以言表的情感而喟叹、击节。再回过头来看今日之西递，久远的中华传统文明在这儿流光溢彩，一种朴实无华的灵气涌动其间，并不断地扑开每一个真情拜谒者的心扉。

　　书稿完成以后，我又添了些旧日的篇章作为辅助性的资料，以期使全书更为丰满、生动，但是否能如愿，难以预料，反正我的体会是人类所有的成果都不可能是完美无缺的，缺憾会促使人进一步努力，这也是当年徽商拥有的精神。

　　再次对朱移山先生的支持和鼓励表示感谢，并对与我多年合作的黟县摄影家刘星明、沈光洪先生表示诚挚的谢意！

余治淮

2015 年 9 月于黟县